地方高校青年教师职业压力及调节策略

曾水英　李盛基　著

哈尔滨工程大学出版社
Harbin Engineering University Press

内 容 简 介

随着我国高等教育事业改革的不断深入,高校青年教师面临的职业压力日益增加。本书以高校教师职业压力问题为研究对象,系统呈现了地方高校青年教师在新时代面临的职业压力状况,重点讨论了地方高校青年教师职业压力产生的原因、职业压力的差别性特征和不良社会后果等问题,并在此基础上从社会、高校、个体三个维度提出地方高校青年教师职业压力的调节策略。

本书可作为对高校教师职业压力问题研究人员的参考资料,也可作为对相关问题感兴趣的读者的阅读材料。

图书在版编目(CIP)数据

地方高校青年教师职业压力及调节策略 / 曾水英,
李盛基著. —哈尔滨 : 哈尔滨工程大学出版社,
2022.10
ISBN 978 - 7 - 5661 - 3725 - 8

Ⅰ. ①地… Ⅱ. ①曾… ②李… Ⅲ. ①地方高校 - 青年教师 - 教师心理学 Ⅳ. ①G443

中国版本图书馆 CIP 数据核字(2022)第 194538 号

地方高校青年教师职业压力及调节策略
DIFANG GAOXIAO QINGNIAN JIAOSHI ZHIYE YALI JI TIAOJIE CELÜE

选题策划 包国印
责任编辑 张 彦 田雨虹
封面设计 李海波

出版发行 哈尔滨工程大学出版社
社 址 哈尔滨市南岗区南通大街 145 号
邮政编码 150001
发行电话 0451 - 82519328
传 真 0451 - 82519699
经 销 新华书店
印 刷 哈尔滨理想印刷有限公司
开 本 787 mm × 1 092 mm 1/16
印 张 9.25
字 数 210 千字
版 次 2022 年 10 月第 1 版
印 次 2022 年 10 月第 1 次印刷
定 价 49.80 元
http://www.hrbeupress.com
E-mail:heupress@ hrbeu.edu.cn

序

中华人民共和国成立伊始,我国高等院校仅有 205 所,高等教育入学率仅为 0.26%,高校在校生仅有 11.7 万人。到 2020 年,我国高等教育毛入学率达到了 54.4%,而在学总人数达到了 4 183 万人。上述数据表明,中国高等教育逐渐完成了从精英化、大众化到普及化的历史跨越,中国已发展成为世界上规模较大的高等教育大国。研究型、应用型等各类高校各安其位、各展所长,学科专业结构不断优化,高等教育多样化发展体系正在形成。与此同时,国家更加重视高等院校的教育质量,明确要求全面贯彻落实习近平总书记全国教育大会讲话精神,以立德树人为根本,以报国强国为己任,"十四五"期间全面推动高等教育高质量发展,为实现 2035 年教育现代化的奋斗目标夯实基础。作为高等教育中坚力量的高校教师,是高等教育质量提升的关键,教师群体的综合素质与教育质量呈正相关关系。地方高校作为高等教育的关键组成部分,2021 年所占高校比例高达 91%,其发展水平直接决定我国高等教育发展水平。相对于部委直属高校而言,地方高校尤其是地方普通高校的青年教师,更容易受到职业压力问题的困扰,这引发了社会和学者的广泛关注,成为当前热门的研究课题。对于地方高校青年教师职业压力及调节策略的研究,不仅有利于地方高校教师群体综合素质的提高,在很大程度上也会促进高等教育水平的提升。

本书从我国地方高校青年教师的实际"痛点"出发,以吉林省地方高校青年教师的抽样调研数据为基础,构建了青年教师职业压力源的分析模型,通过压力认知交互、压力刺激、压力与适应等理论对压力来源、表现形式进行分析,并试图找出地方高校青年教师职业压力的特殊性,重点分析地方高校青年教师职业压力产生的原因、职业压力的差别性特征、职业压力的不良社会后果等问题,进而从社会、高校、个体三个维度提出调节职业压力的多种策略。本书的研究方法比较科学,部分观点也具有较强的启示意义。

地方高校是指隶属各省、自治区、直辖市,大多数靠地方财政提供资金,由地方行政部门划拨经费的普通高等学校。相对于中央部属重点高校,地方高校呈现出工作环境相对简陋、学术资源相对稀少、教学任务较为繁重等情况,但作为我国高等教育体系的主体部分,地方高校以服务区域经济社会发展为目标,着力为地方培养高素质人才。因此,社会需要更加重视地方高校的发展,注重地方高校青年教师职业成长的心理状态,有效调节地方高校青年教师的职业压力,才能更好地提升我国高等教育发展水平。

地方高校青年教师普遍存在职业压力,其表现形式多种多样,这种压力如果不能合理调节,所带来的消极影响要远远大于积极作用。本书使用问卷预调研、问卷信度与效度检验等定性研究方法,通过因子分析的方法提取出五个公因子,即"组织管理因子""工作负担因子""职称评审因子""职业发展因子""人际关系因子",并对后续数据进行线性回归分析,得出这五个因子与地方高校青年教师职业压力的产生呈现显著正相关的结论。

地方高校青年教师个体情况千差万别,处于不同的学校和地域,有不同的职称,相比其他群体的教师而言,地方高校青年教师面临更大的职业压力,他们在经济上多数处于高校工资结构体系的底层,在职业发展上经受任务繁重与质量提升的双重考验,在日常生活中多种压力交替出现。地方高校青年教师职业压力是多维度的,主要表现在组织管理、工作负担、职称评审、职业发展和人际关系五个方面,不同维度的压力在性别、年龄、学位、婚姻情况、教龄、职称、所在高校类别等方面也存在较大的个体差异。

地方高校青年教师职业压力源自社会、高校、个人三个维度。社会压力源包括以双一流建设为核心的高等教育改革、社会竞争的加剧、社会期望值的提高三重因素;高校压力源包括组织管理保障不到位、绩效考核制度不合理、职业晋升条件严格、教学科研任务繁多四重因素;个人压力源包括期望与现实的差距、工作经验缺乏、个体调节能力弱、家庭生活负担大四重因素。地方高校职业压力源的实证分析表明,社会认知的偏差、高校教育教学管理的缺位、个体特征的差异是形成地方高校青年教师职业压力源的重要原因。

地方高校青年教师职业压力如若得不到有效调节,会产生诸多不良后果,引发一系列连锁反应,教师的身体健康、心理健康和工作能力都会受到不同程度的负面影响。过大的职业压力让高校青年教师身心呈现亚健康状态,导致工作能动性下降,对工作产生应付心理、淡化终身学习的观念、无心引导学生健康成长,进而妨碍正常的教育教学、学术交流、教学改革与创新活动,最终导致青年教师工作能力下降,使得青年教师与其他教师群体知识更新不统一,后期的工作很难顺利开展,整体教师队伍的科研力和凝聚力呈现下降趋势,影响了学生培养质量的提升和高等教育事业的发展。

地方高校青年教师职业压力的调节仅靠教师个人是难以实现的,它需要社会、高校以及教师个人三方力量的协同合作。对于社会层面,要优化高校青年教师心理支持网络、推行人本化的教师管理理念、引导社会期望趋于合理化、建立地方高校职业压力管理的长效监督反馈机制;对于高校而言,要打造科学高效的青年教师培养模式、构建公平合理的青年教师考核机制、完善青年教师的薪酬福利体系、设置支持性的青年教师职业发展服务体系等;教师自身要树立正确认知,调整工作目标、改变行为习惯、适应工作节奏、调控个人情绪、转变工作态度、坚持终身学习、提升工作能力等。

上述观点的提出,对于地方高校青年教师职业压力的研究和调节具有一定的参考价值。本书选定的研究对象、采取的研究方法以及部分观点结论和具体论证方面具有独到之处,对于地方高校青年教师职业压力的缓解具有一定的借鉴意义,也为对高校教师职业压力有兴趣的读者提供了较为丰富的素材。

2022 年 5 月于长春

前　　言

近年来,经济全球化的发展正带动高等教育迈向国际化轨道,《中国教育现代化2035》提出了推进教育现代化的八大基本理念:更加注重以德为先,更加注重全面发展,更加注重面向人人,更加注重终身学习,更加注重因材施教,更加注重知行合一,更加注重融合发展,更加注重共建共享。《中国教育现代化2035》在制定时参考了联合国的《2030年可持续发展议程》,该议程把高等教育领域加入全球教育的发展蓝图,目的是带来更加包容和公平的高质量教育,使全世界人民能够获得终身教育机会,掌握必要的知识和技能,充分融入社会。该议程提出,到2030年,实现普及优质高等教育,并且通过教育促进可持续发展和可持续生活方式。联合国更是在2021年发布了题为《学会融入世界:为了未来生存的教育》的报告,提出七大教育宣言,并描绘了2050年以后的教育蓝图。

俗话说"凡事预则立,不预则废",我国向来重视制定中长期发展规划,不论是从中华人民共和国国民经济和社会发展五年规划纲要到当前的《中华人民共和国国民经济和社会发展第十四个五年规划和2035年远景目标纲要》(简称"十四五"规划),高瞻远瞩的战略发展规划指引着我国的前进方向。教育是国之大计、党之大计,是民族振兴、社会进步的重要基石,是功在当代、力在千秋的德政工程,对提高人民综合素质、促进人的全面发展、增强中华民族创新创造活力、实现中华民族伟大复兴具有决定性意义。1993年国家颁布的《中国教育改革和发展纲要》,强调高等教育的改革和发展是我国实现现代化的必经之路,成为后十年我国高等教育发展的指导思想。"十四五"规划更是明确了"建设高质量教育体系"的政策导向和重点要求,分类分层次地培养高质量的创新型、应用型、技能型、紧缺型、基础型人才,成为新时代高等教育发展的重要使命。高质量的人才培养与高校教师队伍的综合素质呈正相关,地方高校是我国高等教育的主体力量,在高校构成中占比超90%,地方高校青年教师作为高等教育发展的主力军和生力军,其职业压力调节的有效程度会直接影响高等教育人才培养的质量,进而影响我国高等教育发展的水平。

因此,本书以地方高校青年教师的职业压力问题为调查对象,发现他们在职业发展进程中面临的各种压力,并对这些压力分维度进行了差异性分析,利用定量分析方法探究了他们职业压力的来源,讨论了职业压力可能造成的不良后果,最后提出了调节职业压力的多种策略。这对于丰富地方高校青年教师职业压力的研究成果、缓解地方高校青年教师职业压力的状态具有一定的理论与现实意义。本书围绕地方高校青年教师职业压力的相关问题展开研究,主要包括以下几个步骤。

首先,阐述了选题的背景、研究意义、研究目的,介绍了本书主要的研究内容及研究思路、研究方法,界定了本书所涉及的核心概念和理论基础,详述了与本书研究相关的压力认知交互理论、压力刺激理论、压力与适应理论和马斯洛需求层次理论,并对国内外关于职业压力的内涵、地方高校青年教师职业压力的表现形式、职业压力的来源、职业压力的调适等核心问题的相关研究进行了详细的梳理和综合述评,为本书研究的开展提供了文献支撑。

其次,依据已有的文献资料设计出吉林省地方高校青年教师职业压力的调查问卷,选取吉林省内多所地方高校进行预调研,运用因子分析的方法提取出五个公因子,删除不合理的选项并形成正式问卷,然后对收取的数据进行了整理和分析,得出这五个因子对地方高校青年教师职业压力的产生具有显著正向影响的结论。接下来对职业压力的总体状况和具体维度进行了描述统计性分析,最终得到各维度下不同项目的压力量表。通过比较不同群体的职业压力总体状况以及各个维度下的职业压力均值大小,分别从性别、学历、教龄等八个维度比较了不同群体职业压力存在的差异。

再次,对地方高校青年教师的职业压力源进行了系统分析。在理论层面,从社会、高校、个人三个维度阐述了地方高校青年教师的职业压力是如何产生的。在实证层面,通过设计问卷、收集数据、整理分析得出了职业压力源、混合压力源对地方高校青年教师职业压力的产生具有显著的正向影响,个人压力源对地方高校青年教师职业压力的产生具有显著的负向影响,与本书在理论分析部分提出的观点相契合。根据理论分析和实证分析的结果,探究了地方高校青年教师产生职业压力的原因。

从次,本书对地方高校青年教师职业压力可能造成的不良后果进行了分析。就身体表征而言,介绍了地方高校青年教师因职业压力过大导致其出现身体亚健康等情况;就心理表征而言,描述了地方高校青年教师出现情绪衰竭、去人格化、个人成就感降低等情况;就社会表征而言,阐述了地方高校青年教师因职业压力导致工作能动性下降、教师职业发展瓶颈增多、工作能力弱化等情况。

最后,本书对前面章节的主要结论进行了总结,包括影响地方高校青年教师职业压力的因素、职业压力源的产生维度、职业压力群体差异的表现内容、职业压力的不良后果。然后依据前文职业压力源的影响因素,从社会、高校、个人三个层面分别提出了有利于缓解地方高校青年教师职业压力的多种调节策略。

综上,本书围绕着地方高校青年教师职业压力问题进行了研究,得到了一些基础性的结论,虽然在研究思路和方法上力争契合科学合理的逻辑与原则,但由于著者学识和资源的限制,在研究样本的数量及量表设计的合理性等方面还存在不足之处,将在未来的研究中不断完善。

由于著者水平有限,书中难免存在疏漏和不足之处,恳请广大读者批评指正。

著 者

2022 年 5 月

目　　录

第一章　背景综述

《中国教育现代化2035》强调着力解决教育事业的短板问题以及突出矛盾，要求把习近平新时代中国特色社会主义思想落实到教育事业改革与发展的每一环节，贯穿于教育现代化的各个领域，保证教育的高质量发展，制定符合时代发展的人才培育标准。高校作为学生接受高等教育的重要场所，应重视自身发展。从社会发展角度而言，高校应提高办学实力，解决优质高等教育资源与需求不匹配的问题，形成有利于自身可持续发展的良好机制。高校教师是高校重要的学术资源，是实现高等教育有效发展的中坚力量，同时也是高校长久发展的关键因素。他们要应对教学任务、科研工作、职称评选、提升自我等多种挑战，从客观因素来看，造成高校教师职业压力的主要原因是社会期待过高、制度改革过快；从主观因素来看，这种压力可能来自他们对自我要求过高、心理素质较差。长此以往，大多数高校教师会出现身体及精神的亚健康状态、工作能力下降、职业倦怠等问题，从而产生较大的职业压力。

地方高校是我国高校体系的重要组成部分，地方高校的发展水平与我国高等教育事业的总体发展水平有着密切的关系，同时，也代表着高等教育大众化的速度和质量。对地方高校青年教师而言，他们面临着巨大的压力。从发展的角度来看，他们大多数是刚步入工作岗位的年轻人，希望实现个人价值，并面临着继续深造、沉淀自己的压力；从经济的角度来看，他们大多是地方高校工资结算系统的末位；从职务的角度来看，他们不仅教学任务繁重，而且还需奋斗在科研前线；从组织的角度来看，他们需要遵从地方高校的制度管理，受限于不健全的结构体系。在面临职业发展、组织管理、生活保障、个人提升、社会期待这些状况时，地方高校青年教师的职业压力在不断升级，他们的精力严重不足，无法兼顾家庭生活、不能满足社会期待、无暇考虑职业发展方向，这些情况将会对整体教师队伍的综合能力和素质产生负面影响，也会给地方高校造成不利后果。基于以上的研究背景，本书以地方高校青年教师为研究对象，探究他们的职业压力源，对其进行深入分析，找到地方高校青年教师职业压力的调节策略。

第一节　研究意义

根据我国"科教兴国"和"文化强国"国家战略方针的目标，高等教育逐步发展到国家的战略高度。高等教育的发展离不开地方高校青年教师的力量，青年教师是地方高校教学的主力军，肩负着教学、科研、行政工作的重要使命，因此保证地方高校青年教师的积极状态对于地方高校的发展与管理具有重大战略意义。帮助地方高校青年教师缓解职业压力，是我国高等教育事业可持续发展的有力手段，同时也是面向未来、着眼长远的有效策略。本书依据职业压力的相关理论，并借鉴国内外及以往的研究经验和成果，通过调查问卷的方式了解到吉林省部分省属高等院校青年教师的职业压力情况，并进行深入分析。本书研究内容对缓解地方高校青年教师的职业压力具有重要的理论意义和实践意义。

一、理论意义

从学术探索的角度来看，许多研究学者已经开始关注地方高校青年教师的职业压力问题，但现阶段相关研究仍然十分有限。通过检索发现，关于地方高校青年教师职业压力及调节策略研究较少，相关内容不够具体，本书在一定程度上可以完善和丰富关于地方高校青年教师职业压力及调节策略方面的理论研究，弥补该方面的不足。本书以地方高校青年教师作为研究对象，对地方高校青年教师的职业压力进行相关阐述，以吉林省部分省属高等院校的青年教师为代表，通过调查问卷的形式，分析导致地方高校青年教师产生职业压力的原因，以及产生的不良后果，有针对性地为他们的职业压力提供调节策略。本书采用文献研究法、调查问卷法和实证分析法，并结合多种相关理论，综合运用于地方高校青年教师职业压力的研究中，为研究提供有力的理论依据，为以后的深入研究提供理论背景。

二、实践意义

适当的职业压力会提高工作效率，而超负荷的职业压力将会导致很多不良后果。较高的职业压力对地方高校青年教师的身体和心理都会产生消极影响，甚至会给社会的发展带来很多不良后果。根据调查问卷结果可知，吉林省高校青年教师普遍感受到较大的职业压力，只有少数青年教师认为压力感较小，所以找到缓解地方高校青年教师职业压力的调节方法具有一定的现实意义。地方高校青年教师的职业压力源主要可分为三个方面：社会、高校和个人。对于社会而言，丰富关于地方高校青年教师职业压力的相关研究有助于引导社会对教师的评价和期待趋于合理化，同时还可以激发地方高校青年教师的工作热情，提高其综合素质，确保地方高校的科研和教学水平得到显著提升；对于高校而言，减少地方高校青年教师的职业压力不仅可以打造一支优秀的青年教师队伍，还可以使学校在众多的高校竞争中脱颖而出，占据有利地位；对于青年教师个人而言，找到调节职业压力的有效措施可以帮助他们对自己有清晰的认知，提高工作效率，保持良好心态，增强个人能力。综上所述，本书具有一定的实践意义和参考价值。

第二节　研究目的

随着社会的进步，高等教育所扮演的角色越来越重要，地方高校青年教师作为地方高校教学活动的主体之一，肩负着培育国家栋梁之材的神圣使命，他们需要不断学习，充实自己，从而改善教学效果、提高科研成果。但是，现实情况往往有悖于理想状态，高校青年教师往往会因为职业压力过大，导致自身工作能力下降、人才培育质量降低。从 20 世纪 70 年代开始,就有众多数据表明地方高校青年教师并不像我们想象中的那么轻松,它已经变成一个高压力的职业。20世纪90年代至今,针对地方高校青年教师职业压力的研究也日益丰富,在过去的几十年里,地方高校青年教师受到了学者们的广泛关注,因为他们的职业压力不仅会对自身产生消极影响,也会影响学生的心理健康,甚至会削弱整体教师队伍的凝聚力,从而影响整个高等教育事业。

近几年,我国高等教育面临着全面的改革,这既给地方高校青年教师提供了崭新的发展契机,也给他们带来了巨大的考验和职业压力。调查问卷结果显示,吉林省高校青年教师职业压力的产生共有七个因素,分别为工作负担因素、职业发展因素、生活保障因素、人际交往因素、职称评定因素、社会与自我期望因素、组织管理因素。这些因素都给地方高校青年教师带来了巨大的职业压力,这份压力将会直接减少他们的职业热情,也会影响他们自我价值的实现,更有可能会对地方高校的教育工作产生负面影响。目前,已有部分学者注意到:地方高校青年教师大多学识深远,期望实现个人价值,如果地方高校想要留住青年教师,就需要让他们得到全方位的发展;地方高校不仅要关注青年教师的物质需求,也要注重他们的内心活动和精神世界,如果职业压力问题不能得到解决,那么地方高校将出现师资力量薄弱的问题,我国高等教育事业的可持续发展也将受到严重的影响。本书以地方高校青年教师为研究对象,旨在开展对地方高校青年教师职业压力的研究,以期为社会和高校提出解决策略,改变地方高校青年教师职业压力的调节策略,减少他们的职业压力,为我国高等教育事业的可持续发展提供理论依据。

第三节 研究内容

本书通过"发现问题—分析问题—解决问题"的研究思路,展开对地方高校青年教师职业压力及调节策略的研究,如图1-1所示。首先综合运用弗鲁姆的期望理论和马斯洛需求层次理论,制作调查问卷,本次调查问卷的研究对象是40岁以下的吉林省部分省属高等院校教师,结合其调研结果,进行综合分析。结合他们的现状和所处环境,找到使他们产生职业压力的诸多因素,并以职业压力过大造成的不良后果为逻辑线索展开讨论,最终得出结论,为社会、高校以及教师自身提供针对地方高校青年教师职业压力的调节策略。本书共由七章构成,具体安排和详细研究内容如下。

第一章是背景综述。本章主要由四部分构成,第一部分是本书的研究意义,第二部分是研究目的,第三部分是研究内容及研究思路,第四部分是研究方法。

第二章是地方高校青年教师职业压力相关概述。本章主要由四部分组成,第一部分是核心概念界定,第二部分是压力相关理论介绍,第三部分是国内外相关研究,第四部分是本章小结。本章作为理论基础部分,一方面介绍了本书所涉及的理论基础,另一方面对国内外关于职业倦怠、地方高校青年教师职业压力和教师职业压力缓解等方面的相关研究进行了详细梳理,并对国内外相关研究成果进行了综合述评,为本书提供理论支撑,同时也为后续研究奠定基础。

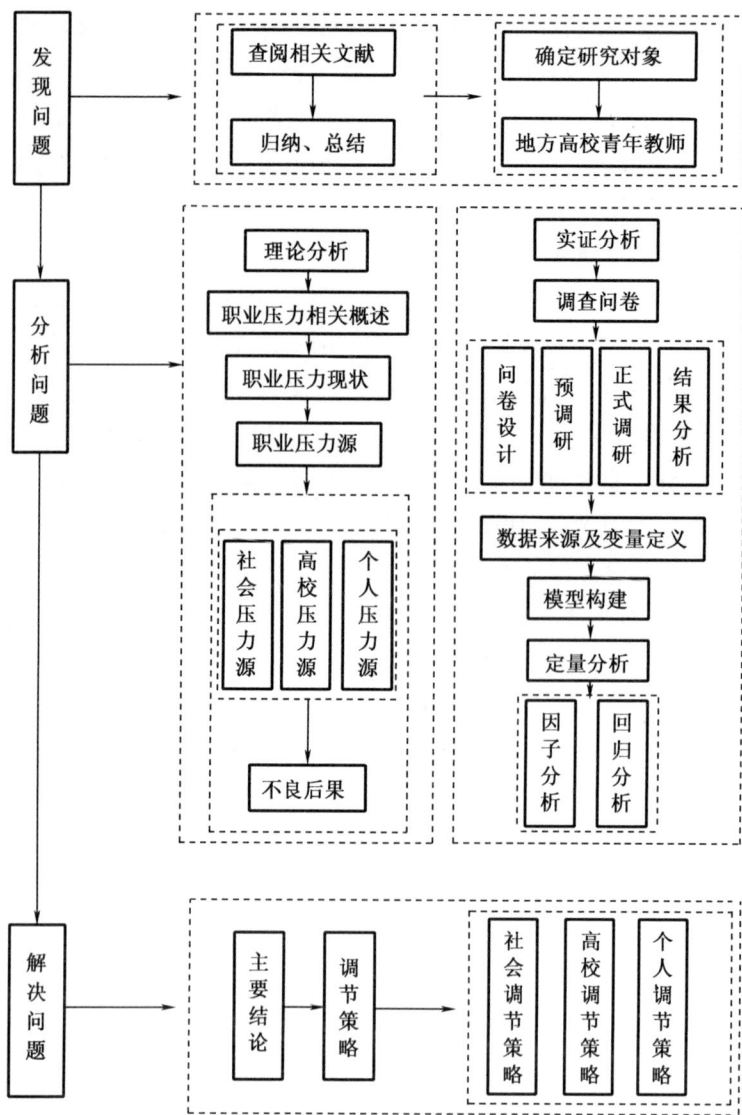

图1-1 研究思路

第三章是地方高校青年教师职业压力研究的设计——以吉林省为例。本章主要分为四部分,首先是对吉林省多所高校的情况进行概述,其中包括高校师资队伍的组成结构和高校硕博学科的建设情况。其次,本书根据相关文献设计吉林省地方高校青年教师职业压力情况问卷,并收集所需数据。再次,本书对通过正式问卷所收取的数据进行整理和分析,主要采用因子分析和线性回归两种方法得出数据结果,并对数据结果进行解读。最后,给出本章小结。

第四章是地方高校青年教师职业压力的现状分析——以吉林省为例。本章主要由四部分组成,第一部分是吉林省高校青年教师的概况,包括青年教师的个体特征情况、学历和教龄状况、职称和所在高校层次、学科和所属高校类别。第二部分是职业压力的状况,包括职业压力总体状况和组织管理、工作负担、职称评审、职业发展、人际关系五个维度的压力分析。第三部分是职业压力的群体差异,通过比较不同群体的职业压力总体状况以及各个维度下的职业压力均值大小对吉林省高校青年教师职业压力现状进行差异性分析。第四部分是本章小结。

第五章是地方高校青年教师职业压力源分析。本章主要由四部分组成,即地方高校青年教师职业压力源的理论分析、实证分析、原因分析及本章小结。第一部分理论分析主要分为三个维度:社会压力源、高校压力源和个人压力源。第二部分实证分析方面,通过模型构建,采用二元逻辑回归对问卷数据进行分析,得出各个变量对地方高校青年教师职业压力产生的影响。第三部分原因分析方面,从社会认知、高校教育教学和个体体质三方面对职业压力产生的原因进行分析。第四部分是本章小结。

第六章是地方高校青年教师职业压力的不良后果。本章主要由四部分组成,第一部分是地方高校青年教师职业压力导致其身体亚健康状态的表现。第二部分是职业压力导致的心理亚健康状态的表现。第三部分是职业压力产生的工作能动性、工作能力、事业发展的消极影响。第四部分是本章小结。本章主要从地方高校青年教师的身体、心理、社会表征三个角度来介绍职业压力所造成的不良后果。

第七章是主要结论及职业压力调节策略。本章由三部分组成,第一部分是本书的主要结论,第二部分是职业压力的调节策略,第三部分是本章小结。第一部分是对前面章节进行概括和总结得出的四点主要结论。第二部分是从社会、高校和教师三个维度来讨论如何缓解地方高校青年教师的职业压力,以便更好地实施科学、合理、有效的调节策略。

第四节 研究方法

一、文献研究法

文献研究法是一种最基本的理论方法,这种方法需要查找相关资料、文献,经过挑选、辨别、整理,最终形成理论依据。本书首先通过检索 CNKI 数据库、中国期刊网、万方数据库,整理了与本书研究相关的理论,例如压力认知理论、压力刺激理论、压力与适应理论和马斯洛需求层次理论等,这些理论作为本书的理论支撑;其次采用定性研究,对同领域有代表性的文章、书籍,以及有关地方高校青年教师职业压力的研究资料的研究成果进行梳理;通过整理分析,最后确定地方高校青年教师为本书的研究对象,明确研究思路,对影响地方高校青年教师职业压力的因素进行归纳总结,提出对地方高校青年教师职业压力的调节策略,并在归纳总结过程中阐明观点。

二、问卷调查法

问卷调查法的主要形式是书面填写问卷信息,根据问卷反馈来收集相关信息,可以了解被调查者的真实想法。本书采用结构型问卷调查法,也叫作封闭问卷法。

本次问卷的调研对象是40岁以下且有编制并就职于吉林省省属高等院校日常教学或

科研工作岗位的全职教师,在问卷的设计过程中,明确调查问卷的选项,只允许他们在规定的范围内进行选择和回答。由于受新冠肺炎疫情影响,线下发放问卷受到限制,所以本次调查问卷采用问卷星软件,进行线上发放,同时辅以微信朋友圈传播,有效地掌握吉林省部分青年教师的工作压力从何而来。通过对收集的数据进行整理,再利用统计工具探究出地方高校青年教师职业压力的成因,从而为缓解他们的职业压力提供有效措施。

三、实证分析法

实证分析法是用统计计量方法对相关数据进行处理,通过客观分析得出结论的一种方法。本书的第三章和第五章充分利用了实证分析法。第三章的核心内容是对问卷进行设计与修改,在预调研结束以后,对问卷进行信效度检验,随后根据因子分析的结果,重新设计问卷,为正式调研提供科学、合理的依据。第五章首先是通过发放问卷的方式来获得数据并进行整理;其次,采用因子分析的方法分析和提取样本数据;再次,使用二元逻辑回归的方法,对数据进行分析,得出社会压力源、高校压力源、个人压力源对地方高校青年教师职业压力的影响;最后,对回归结果进行解读和分析,得出结论。

第二章 地方高校青年教师职业压力相关概述

了解职业压力、地方高校、青年教师等核心概念和相关理论是研究地方高校青年教师职业压力的前提,本章将从核心概念界定、压力相关理论、国内外相关研究三个维度展开阐述。第一部分核心概念包括高校与地方高校、高校青年教师与地方高校青年教师、压力与职业压力、教师职业压力与地方高校青年教师职业压力。第二部分压力相关理论包括压力认知交互作用理论、压力刺激理论、压力与适应理论和马斯洛需求层次理论。第三部分国内外相关研究包括职业压力的内涵、表现形式、来源、产生以及调适等。

第一节 核 心 概 念

一、高校与地方高校

高校即高等学校的简称,是具有高等教育能力的机构,是教育体系中的重要环节,为我国社会主义事业培养实用型、技术型主力人才。高等学校包括本科院校、专门学院和专科院校,可以培养专、本、硕士研究生、博士研究生不同学历层次的人才。截至2021年9月末,相关部门统计的全国高校数量共计3 012所,其中普通高校2 756所。

在我国,高校分为普通高等学校和成人高等学校。普通高等学校包括大学、高等专科学校和高等职业学校等,从类型上分为综合、师范、工科、农业、农林、医药、林业、语文、财经、政法、体育、艺术、民族等。普通高等学校在本专科教育阶段主要招收高中毕业生进行全日制学习,在研究生教育阶段主要招收通过全国硕士研究生或博士研究生统一招生考试的全日制或非全日制学生。成人高等学校包括职工大学、业余大学、管理干部学院等,其主要培养对象是普通高中或同等学力的在职从业人员。本书中的高校是指前者,即普通高等学校。

关于地方高校的相关定义,很多学者都有自己的见解,一部分学者是从投资方的角度来定义地方高校的,他们认为地方高校包括地方公办或民办的职业学院、进修学院和成人高校等普通级院校;还有一部分学者认为,应该从地域的视角来定义地方高校,即在中等城市,由地方管理的高校称为地方高校;还有部分学者认为"地方高校的主要办学形式应是一个具备多学科、多层次、多形式的综合性教育型机构"。本书中的地方高校特指第一种说法,即地方公办或民办的普通级院校。

近年来,地方高校在数量和总体规模等方面发展迅速,承担了将高等教育大众化的主力任务,为地方经济、社会发展和人才培养提供了保障,已经成为我国高等教育发展中的重要组成部分。但由于地方高校的历史发展、学术资源以及办学声誉等与部属高校差距悬殊,从起步阶段便处于落后状态,因此在发展的过程中会面临更多的问题。

二、高校青年教师与地方高校青年教师

广义上,高校教师是指在高等学校从事教育、教学和科学研究工作的专业人员。他们的工作任务主要有:讲授、辅导基础课;指导课程设计、毕业设计;对学生学习情况进行考核;进行科学研究、技术开发和成果转化等。高校教师也可以用两个标准进行界定,首先是与其他职业类似,需要有相应的资格证书,即高等学校教师资格证书;其次是工作地点和工作任务,高校教师要在高校内工作,从事教学和科研工作。但是,在这个群体中,我们可以对高校教师进行分类,第一类是授课教师(faculty),这类教师平时主要负责高校的教学和科研工作;第二类是行政教师(staff),主要负责教辅工作和行政事务,例如高校辅导员。以上两类高校教师从广义上来说都属于高校教师,本书研究的对象主要是第一类,即高校授课教师。

"青年"的年龄,直到现在也没有一个统一的界定,各个国家各个组织都有不一样的观点和标准。世界卫生组织对青年的界定是个体生理年龄45岁以下;联合国教科文组织对青年人口的界定是平均年龄35岁以下;联合国人口基金曾明确提到"青年的年龄标准是14到24岁之间"。在我国,不同的组织机构对于青年也有不同的界定标准。国家统计局就曾经在报告中明确提出青年人口是指15~34岁的中国公民;而共青团中央则把生理年龄在28岁以下的中国公民规定为青年人口。

虽然我国对高校青年教师年龄的界定没有标准,但是因为目前各高校聘用教师的要求大多要满足博士学位,所以青年教师年龄的下限较容易确定,正常情况下其年龄一般在25岁以上。本书将青年教师年龄的范围规定在25~40岁,主要基于两点考虑:第一,在一些重要的科研项目中,对青年项目申报人的要求上限年龄一般是40岁;第二,对于大部分高校教师来说,刚刚入职的年龄已经超过其他职业的入职年龄,这是因为教师所受教育时间长,25岁刚刚步入工作岗位,而在工作15年左右的奋斗期后到了40岁左右,工作经验成熟,教研、科研等方面工作水平也更高。

所谓地方高校青年教师,就是指在地方高校工作的青年教师。近几年,随着我国高等教育逐渐普及,地方高校数量上涨,结构多样,慢慢成为高等教育的主体,而地方高校师资队伍主要是由学科带头人、骨干教师、一般教师组成,一般教师的主体是青年教师,所以地方高校中的青年教师也就成为传播知识的主力军。因此,抓住了青年教师的发展就是抓住了地方高校师资队伍建设的关键和根本,青年教师的发展直接关系到地方高校的教育教学水平和人才培养质量。

地方院校相比重点院校,制度、资源、环境较差;地方高校教师与重点高校教师相比,发展方向和发展路径选择也会有所不同。地方高校青年教师在教学、专业、组织、个人等方面很容易遇到一些现实问题。若想促进地方高校师资队伍建设,就要保障青年教师能够得到充足的经济支持和更广阔的职业发展空间。

三、压力与职业压力

"压力"一词最早出现在物理学中,其在字典中的解释是:垂直于物体表面、作用于表面的力。在1932年,沃尔特·坎农(Walter Bradfort Cannon)将"压力"一词从物理学领域引入生理学领域,他认为"压力"是有机体感受到超过一定临界值的刺激,从而使个体准备"反抗或躲避"过程中产生的一系列生理反应。之后,汉斯·席尔(Hans Selye)在坎农的影响下,提出了一整套的压力理论,即压力是一种反应模式,是指个体应对外部环境的刺激时表现出的相似的反应,他将这种反应现象称作一般适应综合征。从此之后,压力这一概念在心理学领域中被广泛应用。

在心理学领域中,关于"压力"的定义最典型且最具影响力的是理查德·拉撒路(Richard Lazarus)的定义,他认为压力是一种个人与环境之间的特殊关系,既不是个人独自的产物,也不是环境独自的产物,而是在一定时间内,某种内外部环境对人体产生刺激的过程中,人体给出的反应,若这种压力超越了个人的心理防线,就会危及个人的心理健康。社会学家的研究表明,压力与社会生活密不可分,不论是在工作、学习、人际交往还是家庭中都会产生压力,人们要学会适应压力并进行自我调节,否则长期处在压力状态下会对人的生理和心理造成负面影响。

职业压力这一概念,并没有统一的定义,普遍将其理解为工作压力,意思是在职场这一特定环境中产生的压力,它往往是消极的,常常会引起抑郁或倦怠。但工作是必不可少的,几乎没有人能够不工作而生活,工作早已是人们生活的一部分,并且它几乎占据了人们大部分的时间。因此,若压力出现在工作中,对精力的损耗往往是最严重的。职业压力一旦过大就会造成很多问题,对自身而言会产生职业倦怠、抑郁消极的心理,严重的话还会影响身体健康;对社会而言会出现责任心差、效率低等问题。卡普兰(Caplan)和科布(Cobb)等研究者认为,所谓的职业压力,就是在职场中没有被满足或者被满足的不充分带来的心理感受,而且在工作环境中的任何刺激、威胁都属于职业压力的范畴。

目前学术界大多认为,压力是一种在外界环境刺激下形成的综合状态。学者许小东提出,职业压力不可能是由个人或环境单独产生的,它一定是由个体和环境二者相互作用而存在的,在职业压力下,个体会产生一系列的生理、心理的行为反应,导致工作人员积极或消极的行为,最终会影响到组织绩效。徐长江认为,职业压力是个人在受到工作环境的影响后,自己的目标发生改变,从而形成的生理、心理的行为反应过程。

四、教师职业压力与地方高校青年教师职业压力

教师职业压力的概念最早是由基里亚科(Kyriacou)提出的,他认为教师在学校这一工作环境中会产生负面情绪,例如抑郁、焦虑、失望和悲伤等,这种教师在工作中产生的情绪波动被称为教师的职业压力。但是后续研究发现,这一定义并不够完整,一些专家学者对定义进行了压力认知方面的补充,即教师在受到环境刺激的过程中,已经认识到自身正在遭受压力的威胁和挑战。教师职业压力与其他职业压力相比,更有研究的意义,因为若教师产生职业压力,出现对职业的负面倦怠情绪,就会影响学生的受教育质量,对社会和国家

造成消极影响。

分析职业压力的过程中,教师这一服务行业完全符合所有职业压力的标准。教师不仅仅要面对教育学生的问题,还要面对自身的职业发展问题,工作量大,任务繁重,工作时间长,因而容易产生焦虑,压力也会随之产生。新时代下的教师,不只要教学,还要进行科研和行政工作,同时职场中的人际交往也给教师造成了很大的困扰。学校管理层的行事风格,以及高校为了自身发展不断向教师施压等因素都是教师职业压力产生的重要原因。在过去,大家对教师职业压力不重视,甚至不关注,使得教师职业压力没有渠道可以缓解,若任由教师职业压力泛滥,不仅会影响到教师的身心健康,还会影响到教师的职业发展,最终会限制国家人才培养水平的提升。

青年教师作为高校专任教师的主体,不仅要面对高校教师的职业压力,还要面对专属于青年教师的职业压力。有学者通过研究指出,造成高校青年教师职业压力的主要原因有经济和生存压力、教学和科研压力、社会和自我期望过高等。经济和生存压力主要是指,青年教师事业处于起步阶段,工资待遇无法满足结婚生子、住房等方面的消费,导致他们在经济上承受很大压力,这就直接影响了青年教师们的生存发展;教学和科研压力是指,在高校发展中,教学工作和科研实力是重要指标,对于青年教师来说,要尽快熟悉教学内容,学习并提高自身能力,面对职称评比、末位淘汰等,种种压力让教师难以轻松应对;社会和自我期望过高是指,社会大众普遍对教师这一职业寄予厚望,而青年教师刚步入工作,自身也对工作充满激情和期待,但同时也因为年轻,工作经验尚存在不足,当受到打击和遇到挫折时,青年教师易陷入其中,造成困扰。

高校青年教师大多接受过系统化的专业学习,心怀教育理想,富有工作热情和一定创新能力,但由于受到诸多内外因素的影响,他们可能会比其他年龄段的高校教师面临更多的压力源。这些压力既可能源自社会大众的外在期待,也可能源于内在的社会角色冲突。高校青年教师长期受到职业压力的困扰,不但可能破坏青年教师队伍的健康与稳定,还可能在某种程度上影响青年教师教学活动的正常开展。

随着我国高等教育改革、"985"工程、"211"工程的实施,我国高等教育逐渐形成一种分层制的结构。中央部属高校大都居于高等教育系统的顶端,随着政府资金的大力投入,无论是各种资源的获取,还是学术成就都是远非地方高校所能及的。这种生存和发展环境的不同,就会导致教师在同等努力下,重点高校教师可能会比地方高校教师有更好的个人职业发展,所以地方高校青年教师会更容易受到职业压力困扰。相较于一些工作在中央部属重点高校的青年教师来说,地方高校对教师会有以下限制。

第一,工作环境存在差异。中央部属重点高校整体实力强,教师有更大的发展空间,学术环境更加自由、民主、和谐;相比之下,地方高校职业环境相对较差,对于教师们需要的学习、工作、生活条件不能完全满足。

第二,学术资源存在差距。地方高校的硬件设施相对较差,例如实验室、图书馆、学术资源等。

第三,职业流动性差距。基于以上因素,地方高校教师们的流动性更大。

第二节　压力相关理论

一、压力认知交互作用理论

早在 1981 年,拉撒路(Lazarus)和福克曼(Folkman)就提出,压力的来源是个体感受的不平衡或者是事件的发生超过了人的应对能力。之后,拉撒路提出:压力是主体与外界环境相互作用的产物,二者并非是各自独立且静态不变的。随后在 1984 年,拉撒路和福克曼提出了压力认知交互作用理论,该理论认为早期的压力理论研究(个体－环境匹配理论、工作要求－控制模式 JD－C)中存在明显不足,这些早期理论都认为压力是静态的、固定不变的,而拉撒路和福克曼的压力认知交互作用理论指出:压力是一个过程,这一过程会根据时间和任务目的的变化而发生改变。传统的压力理论认为个人和环境是两个分离的因素,并且二者是静态不变的。但是事实上,个人和环境是两个不可分割的因素,二者相互联系,互相影响。早在 20 世纪 60 年代,拉撒路就提出了压力与应对模式(学说),这一学说提出了认知评价和应对方式,认知评价是指个体在受到外界环境刺激影响下,对现有状况的认知和感受,例如对压力的思考、推理和决策等;而应对方式是指个体通过认知之后做出的行为,可能缓解也可能加重压力,应对方式有积极行动、回避、顺其自然、寻求帮助、心理防御等。拉撒路的这一学说为认知交互作用理论的产生创造了条件,奠定了一定的基础。

认知交互作用理论的主要观点有以下三个。

第一,个体特征和内外部环境条件不是一成不变的,它们之间有着一定联系,在面临一定压力情景时,两者相互影响。

第二,压力之所以会产生,是因为个体所处的环境对其产生了刺激,并且个体对环境做出的相应应对,使这两者结合产生了压力。如何判断一个事件是否为压力事件,判断标准有三个:①环境对个体造成了伤害;②这一事件对个体造成了威胁;③个体所面临的状况前所未有,是一种挑战。

第三,人与环境之间一直处于动态的、相互交互的、双向的关系,这一过程随时间和面临的任务的变化而变化。

压力认知交互作用理论最突出强调的就是认知因素对压力过程产生的作用,这就说明,压力是通过个体的认知产生的,当个体与环境刺激能够很好匹配时,个体就会适应环境,也就不会产生压力。

对于地方高校青年教师职业压力来源来说,这一理论提供了丰富的研究基础,教师们的工作环境在高校,教师与高校之间有着密不可分的联系。教师与高校环境之间是交互、双向的动态关系,二者并不是静止不变的。对于地方高校青年教师这一群体来说,他们的职业压力会随着工作时长、分配的任务、教育体制、地方政策的变化而发生改变。而且,地方高校青年教师自身性格、性别、社会背景存在差异,他们所感受到的压力程度也会有所差异。

二、压力刺激理论

压力刺激理论是由托马斯·霍尔姆斯(Thomas Homles)、理查德·拉赫(Richard Rahe)及韦斯(Weiss)于 1967 年提出的。他们在研究生活事件与疾病的关系中发现:生活事件是需要生理和心理两方面进行适应的压力,无论哪种生活的变化都是需要让自身去反映、适应的,这一过程便是压力产生的过程。为了将压力测量出来,霍尔姆斯和拉赫提出了社会再适应评定量表(Social Readjustment Rating Scale,SRRS),他们列出了紧张的生活事件,并给出一个分数。例如,业务调整 +39、徒刑 +63、婚姻 +50 等,分数越高,患病的危险性越大。而韦斯把工作压力分为五类:第一,工作本身,工作负荷量过大、工作太多变化、工作失误等;第二,组织中的角色,角色责任过重、角色职位模糊等;第三,职业发展,地位低下、提升受阻、职业基础保障缺失等;第四,组织结构与组织风格,在工作中缺乏行政参与、领导管理行为等;第五,人际关系,与同事、上下级关系差,在职场中无人支持等。

压力刺激理论认为压力是外界给个体刺激,从而导致个体出现紧张反应;压力主要是强调生理的紧张和恐惧等。韦斯在 1967 年提出了工作压力模型,在该模型中他将压力分为长期和短期的反应,短期即紧张等心理反应,长期则是疾病。但是这一观点始终存在争议,因为这一模型只突出了压力刺激的实质和外部环境因素,并没有把个体的感受和评价与环境综合起来,也没有关注到如何去处理和缓解压力。霍尔姆斯和拉赫提出了生活变化适应模式,他们认为人体在受到压力的过程中,会出现三种状态:压力反应(一系列身心反应)、压力适应(调整自己应对环境的能力和方式)和压力应对(应用方法解决或缓解压力)。在压力适应的过程中,可能会出现消极的态度,例如,以自我为中心的否定、心理精力消耗出现病态人格、放弃自己承担的社会责任等。如果出现积极适应,不封闭自己、多与外界环境沟通,就能缓解压力,改变自己。

对于地方高校青年教师来说,高校的职业环境是其产生压力的主要来源。由于教育改革,高校与高校之间的竞争也日趋激烈,高校为了自身发展,不断地向高校教师施压,不论是在科研还是在教学上都规定了末位淘汰的苛刻制度。地方高校由于工作环境在"地方"这类中小城市,无论是在学校的硬件设备上,还是在薪资水平上都无法与重点高校相比较,再加上地方高校青年教师工作经验不足,环境中的压力往往使青年教师感到身心俱疲。虽然行政考评、职称评定等是青年教师提升发展的好机会,但若长期处在这种高压、高刺激的环境中,无论是对生理还是对心理都会产生较大的影响。由于压力的存在是无法避免的,所以需要教师有合理的压力适应和应对方式。所以当高校青年教师面对压力时,不要封闭自己、消极对待,而是要找到突破口,选择适合自己的调节方式,缓解压力。

三、压力与适应理论

1956 年,压力理论之父席尔(Selye)作为代表人物提出了压力反应理论,又称压力与适应理论。席尔谈到压力时曾说:"重要的不是我们身上发生了什么,而是我们接收它的方式。"早在席尔之前,他的老师坎农就提出过"战或逃反应",以此来描述当人类面对威胁时,身体生理唤醒的动力性。坎农在一系列的动物试验中发现,当身体面对压力时有两种反应,要么攻击对方保护自己,要么逃走躲避风险,由此他分析得出:当人类面对外界环境的压力或刺激时,生理会出现一系列的变化(例如心跳加快、呼吸急促、血压上涨等)。这一发现为后来的压力反应理论做了准备。继坎农之后,席尔进行了更深入的研究,他将适应压力的这一过程分成三个阶段:警觉阶段、搏斗阶段、衰竭阶段。并且他表明,在这三个阶段中,个体的一些特征都会发生改变,而不是一成不变的。除了上述的研究发现,席尔还认为,环境给予个体适当的刺激和压力对个体的成长是有利的,但是若是长时间处在压力中或受到重压则会造成心理和生理的疾病。

压力与适应理论对压力的定义是:身体对任意需要的非特定性反应。这一定义解释说明了适应压力过程中的三个阶段:第一,警觉阶段。在这一阶段中,身体分泌肾上腺素等一些能够刺激促进新陈代谢的激素,于是就会出现心跳加速、血压升高等生理反应。第二,搏斗阶段(抵抗阶段)。在这一阶段,由于个体要应对外部的刺激,所以不论是生理资源还是心理资源都会被大量的消耗,因为大量能量被消耗,所以个体会变得脆弱和敏感,从而可能会产生一些严重后果。第三,衰竭阶段(耗竭阶段)。由于压力长期存在,使个体长期处于搏斗阶段,就会导致能量耗尽,当个体已经无法再继续抵抗压力时将会有两种情况发生:①个体若是已经产生适应压力的能力,那么经过时间的调整就会康复;②个体压力若是仍然存在且能量耗尽,那么必然会发生危险,严重还会危及生命。在压力理论中,当个体承受的累积压力超过其最佳适应阈值时,就会出现"负"压力。所以是否出现疲惫和疲劳状态取决于个体的心理状况,以及他们适应生活的频率。

对于地方高校青年教师来说,他们是高校发展的生命力,与培养人才的质量有直接关系。压力反应理论表明,应对压力有常见的几种情绪反应:焦虑、恐惧、抑郁、愤怒等。地方高校青年教师群体如果长期处于情绪低落、心境悲观、无愉快和希望的情绪时,那么出现身体、心理健康问题是必然的,这种长期的高压状态不仅会直接威胁到地方高校青年教师的健康,也会间接影响高校教育教学工作的持续发展。

四、马斯洛需求层次理论

亚伯拉罕·马斯洛(Abraham Maslow)认为个体的需求控制其行为动机。于是1943年,他在书中提出需求层次理论,并构建了一个分类系统,将人类的基本需求从低到高划分为五个层次:生理需求、安全需求、社交需求、尊重需求和自我实现需求。该理论的核心在于,人的需求是动态发展的、不断变化的,只有满足基本的需求,才能具有更稳定、更持久的力量去激发更高水平的需求。满足低层次的需求是追求更高层次需求的前提,马斯洛认为需求是逐层递增的,当最低的生理需求都无法得到满足时,人们会把精力放在实现最低需求上;如果低层次的需求已经得到满足,那么人们就会朝着更高标准的需求迈进。大众通常认为,马斯洛需求层次理论是像金字塔般下宽上窄的,金字塔底部是最大的、最基本的需求,而顶部是实现自我、超越自我的需求。之后,马斯洛将五个层次又进一步地细分,分为七级或八级层次,但是它的核心观点是不变的,只是将几个基本需求分得更加细致。

需求层次理论认为:第一,将人的需求分为五个层级,这五种需求都是人的基本需求,是这些需求控制和引导人做出反应和行为;第二,不同层级所具备的能量也不同,层次低的基本需求要比层次高的需求潜力大;第三,低层次的需求因为是最低生理需求,是维持人生存最基本的需求,所以与高层次的需求相比,比较简单。

马斯洛需求层次理论自从被提出,便一直在学界中饱受争议,许多人认为马斯洛错误地理解了各个层次之间的存在状态,五种层次是同时存在的关系,低层次需求是由高层次需求驱动的,而当低层次需求满足后,高层次需求才开始出现并发挥作用。还有的人认为并不是每个人都像马斯洛提出的那样有完全相同的需求,而是根据每个人情况的不同,其思想深度、眼界、志向、性格等都会不同。但本书认为该理论虽不是十分完善,但却是一个很有价值的构想,马斯洛分出的需求层次由低到高,这一过程符合人类发展规律,理论中也表明了人类在不同的时期,都会有不同的需求占据主导地位,这一点也是具有启发性意义的。

马斯洛需求层次理论为本书的研究提供了理论基础。对于地方高校青年教师来说,他们的需求可大致分为生理需求(工资)、安全需求(高校环境)、社交需求(人际关系)、尊重需求(领导管理)、自我实现需求(职业发展需要)。在"地方场域"中,高校教师这一职业本身要比其他的职业更有社会地位,当他们的低层次的需求得到了保障后,便会迫切地追求更高层次的需求。他们需要得到认可和尊重,实现人生价值,但当实际情况与自己的期许产生偏差时,就会产生压力。地方高校青年教师更希望尽自己所能完成目标,做最好的自己。他们想要通过科研、教学等任务来证明自己,并且希望自己不负外界所望,赢得社会的支持和认可。马斯洛把这种心理需求定义为渴望,即尽全力实现自己想要实现的一切。若期待能够实现,教师的自我认同感就会增强,教师也能更加积极地完善自己;若期待无法实现,教师自身也无法合理调节,则会有压力产生。

第三节 国内外相关研究

在对国内外文献资料进行梳理和整理的过程中,著者发现在教师职业压力的研究方面,国外比国内超前,并且起步较早,已经建立了相关的理论模型。国外最早由基里亚科(Kyriacou)和萨克利夫(Sutcliffe)提出了教师职业压力的相关概念。基里亚科提出,人们需要充分地重视教师职业压力的普遍性,关心他们的职业来源以及解决问题的方法和措施,这对教育事业的健康和良性发展都是非常必要的。

我国对教师职业压力的研究始于20世纪90年代,起步相对较晚,研究对象以中小学教师居多,在聚焦于地方高校青年教师这一特定人群的研究则比较少。研究初期,我国有关地方高校青年教师的研究中理论研究较多,实证研究较少;近十年则呈增长趋势,并且一些学者已经开始深入研究教师职业压力的基础理论模型的建立,理论模型能够让大众更准确地理解教师的职业压力的发生机制和产生作用的机制,从而更有效地应对教师职业压力问题。

一、职业压力的内涵

随着社会生活节奏的加快,竞争的更加激烈,人们的生存压力越来越大,职业压力也在不断增加。职业压力增大所导致的直接后果就是职员出现一系列的倦怠问题,职业压力对人们的身心都有极大的负面影响,可能引发抑郁、焦虑、失眠等疾病。

著名学者基里亚科和萨克利夫率先提出了教师职业压力这一概念,他们认为,只要是鲜活的个体就会有压力,任何职业、任何状态都伴随着压力。他们给"教师职业压力"的定义是:在高校教师没有心理准备和相应能力适应的情况下,外部或内部的冲突会给教师自身带来威胁,这一过程会使教师产生一种消极的情绪。他们还指出,部分教师会认为教师这一职业给自己带来了巨大的压力,这使他们的心理健康状况不容乐观。Fisher 认为心理压力是高校青年教师所必须承担的,高校教师本就拥有不同的角色,只有教师心理健康,才能保障学生心理健康。教师职业压力之所以更需要重视,就是因为与其他职业相比,教师不仅要有自身的工作发展,还要面对学生及学生家长。Bernier 通过对职业压力进行研究,提出教师之所以会产生职业压力,是因为他们无法应对这种环境带来的困扰,如果教师没有办法正确地正视压力的发生,那么长期的压力就会使教师产生身心的衰竭感。

学者鲍威等(2012)通过研究指出,职业压力是人在职场中受到的压力,包括工作量大、责任过重等。压力是一把"双刃剑",它既可以为个体所用,还可以将个体割伤,这就要看握住的是剑刃还是剑柄。他指出职业压力往往会造成心理压力,而过大的心理压力是致病的原因。教师职业压力由工作引起,它会导致教师陷入精神陷阱——"求完美""绝对化的要求""别人怎么样"等,这些思维方式极易造成教师过大的心理压力。

二、职业压力的表现形式

本书在对职业压力表现形式的研究中发现,不同的教师群体会有不同的职业压力表现形式。学者尹平等通过研究得出结论:教师职业压力会因为性别不同而有所不同,男性教师的压力要明显大于女性教师的压力,这与不同性别教师持有的应对方式的不同有关。学者陈超然针对性别差异化进行了深入考察,他发现男女教师的工作大环境是存在差异的,具体有工作量不同、职业规划以及社会期待不同等,社会大众普遍支持女性教师,而且在工作量上,男性的工作量比女性的工作量要大。在其他因素上不存在性别方面的差异。但也有不同的说法,沈绮云的研究则得出了高校青年教师的职业压力在性别上没有显著性差异,这是因为在高校这个职业环境中,教师所承担的教学和科研任务一样,在质和量上,学校对男女教师是无差别对待的。

学者阎光才在对高校教师职业压力的调查研究中指出,随着科学技术水平的不断提高,社会对高校教师也不断提出新的要求。与传统教师不同,新时代、新模式下的高校青年教师压力更加大,工作负荷、自我期待和职业发展等一系列的因素都会造成职业教师的生理或心理疾病。学者李莹莹等通过调查表示,个人的性格会直接影响教师自身的心理状态,心理学指出,内向、缺乏自信、社交恐惧的教师更容易产生职业压力。学者汪泳等通过对高校教师职业压力进行调查,结果表明,绝大多数的教师都存在压力,本科、专科学校中大约有60%的教师会受到职业压力的困扰,职业压力不仅会打击教师们工作的积极性,而且还会影响到教师自身才能的发挥,严重时甚至会影响到教师的身心健康,同时也会使教师对工作产生倦怠心理,给教育、教学工作带来负面影响。潘欣等通过一项关于大学教职工职业压力的调查表明:在样本为286人的试验中,80%的教师长期感到压力过大,情绪衰竭严重;46%的教师常常失眠,生理健康状态差;75%的教师存在职业倦怠,经常会力不从心且精神疲惫;35%的教师发现自身记忆力衰退。学者韦春玲(2007)认为,高校教师正承受着较大的职业压力,过大的职业压力会影响教师的身心健康。相关数据显示,有将近60%的教师都有着不同程度的心理障碍,情况不容小觑,教师的生存状况十分令人担忧。

瑞士学者哈伯曼(Huberman)通过研究发现,教师职业压力早已普遍存在。他认为大部分的高校教师都会经历一个自我怀疑、自我否定的瓶颈期,在这一过程中,要么自己主动化解压力,去适应现有压力,要么离开高校,放弃自己的职业。哈伯曼指出,教师作为服务行业从业人员,很容易出现身体疲劳、情绪枯竭和职业倦怠。Lackritz的调查研究表明,职业压力早已成为心理健康研究中流行的一个概念,这是一个非常重要的问题,通过对一部分高校教师进行调查,他发现有20%的教师都存在严重的职业倦怠,并且发现了一个规律,即职业倦怠与年龄呈负相关的关系,也就是说青年教师职业压力要比老教师压力大得多。

三、职业压力的来源

根据对各个学者对地方高校职业压力来源的研究进行分析和整理,可以将压力源分为外部压力源和内部压力源。

(一)外部压力源

本书在对地方高校青年教师职业压力外部压力源进行研究时,选取了马斯拉奇(Maslach)和杰克逊(Jackson)的学说进行解释。该学说认为,外部压力源不仅来自日常繁杂的教学任务,还来自科研任务,其内部逻辑如下:首先,在高校青年教师完成既定的教学任务后,其可支配时间已经不多;其次,为了适应生存需要,高校青年教师需要准备在期刊上发表论文和申报课题项目,而脑力劳动的成果并不随时间的投入而发生变化;最后,导致高校青年教师感到压力巨大。即使高校青年教师工作时间相对自由,但工作任务也会将他们的时间填满,长期的超负荷工作必然会引起职业压力的产生。

吴丹认为,教师职业压力的外部压力源是指在我国高等教育体制改革下,高校的一些管理制度给教师们带来的冲击,并且社会大众对教师这一职业的期望过大、要求较高,导致了高校教师的职业压力大。上述观点在很多学者的文章里都有提及,例如,学者王燕等认为社会对高校教师有着过高的期待,但是教师所能获得的薪资比期待薪资少得多,二者之间形成了落差,同时教育改革带来的高校扩招,使得高校教师的工作任务激增,付出与收获相差悬殊,以上两种落差导致了高校教师的高压力。学者柴强提出,高校教师也是普通人,也要结婚、生子和买房,但是社会却对高校教师寄予了过高的期待。学者周喜华通过研究发现了压力在社会层面中的表现为社会大众对教师期望过高、良性的社会支持系统相对缺乏;高校层面的压力主要体现在教学、科研和职称中晋升。

(二)内部压力源

Slaughter通过对其国家的高校青年教师调查研究发现,高校青年教师职业压力的内部来源是大量的工作负担以及教师之间的激烈竞争,末位淘汰制使他们长时间处于紧张状态,不能有一丝松懈。而且大部分的新时代青年教师都缺少与同事沟通交流的能力,这就导致人际交往的有效沟通少、同事关系紧张,另外教学任务不断加重使他们不堪重负,有些教师未能及时将压力分解消化,于是就产生了严重的心理问题。法伯对于内部压力源也有自己的研究,通过调查,他认为教师的性格特点、社会经历和工作经验等个人因素会对职业压力产生影响,而领导的管理不力、大众的负面看法、薪资待遇低等组织方面的因素也会对其产生不同程度的影响。

杨勇认为,社会普遍认为高校教师学问高、职称高、薪资高,而事实上却是,教师薪资与其他职业相比,是不具有竞争力的。大部分的高校青年教师刚步入工作岗位就会面临婚恋和购房等压力,而相对较少的薪资,往往是造成青年教师职业压力的原因之一。学者闫爱敏通过对内部压力源进行分析表示,在新时代下的青年教师的人际关系中,竞争因素占大部分,高校教师之间不良竞争加剧,人际交往障碍多,缺乏有效沟通,外加自身拥有的社会资源不足,缺乏人际交往的技巧,所以使这一群体缺少人与人之间的沟通和交流,导致他们找不到释放自身压力的方法,最终使自身承受越来越大的压力。

四、职业压力的产生

对教师职业压力产生的研究,Abouserie 等进行了相关实证调查,他表明造成高校教师产生压力的首要因素是工作,次要因素是经济、家庭、人际交往和健康等,而在工作中存在的压力源主要有科研项目、同事关系、教研、领导行为和学生相关问题。西克恩(Sikern)和哈什(Harsh)通过广泛的调查,认为工作、教学任务、学生管理和领导方式是教师压力的主要来源。心理学家马特·贾维斯(Matt Jarvis)在分析归纳早期研究成果后,进一步把压力来源进行分类:第一,教学工作本身的原因;第二,对压力的认知不足;第三,系统因素。罗宾斯(Robbins)的工作压力模型认为,个体能否产生工作压力以及工作压力的大小程度取决于环境、组织、个体等多方面的差异。

高校青年教师刚刚步入工作岗位,既要适应工作环境,又要面临一系列社会、家庭问题,压力很大。秦彧在研究中表明,造成教师产生职业压力的主要因素有以下几点:经济全球化要求、市场经济发展迅速、教育改革快速发展以及学生因素。郝悦等则把压力产生的原因归结于科研,客观氛围导致高校青年教师的科研压力产生的同时,个人因素也有很大的影响,例如个人的个性特征、价值观念和人际关系的影响。李莉莉从学校工作环境角度出发,她认为学校管理层的行为会对教师产生影响,领导的办事风格不同、管理制度不合理、一些对教师的负面评价等会很容易使教师产生挫败感。郭继东也从学校角度思考问题,他指出学校层面的压力是教师压力产生的主要因素,例如教师职业生涯发展的瓶颈、学校管理体制带来的消极影响、学生成绩不尽如人意、教师角色的冲突等。钱伟等指出,高校教师职业压力主要来源是社会期望压力,如今,无论是社会还是家庭都对教师这一职业有着很大的期望,青年教师们工资较低、工作时间短且经验不足、竞争压力也大,对他们来说事业刚起步,人生刚开始,往往在这种状态中,教师的心理压力更沉重,他们迫切需要来自家人的关心、社会的理解和学校的支持。如果教师因无法自主调节压力而长期被压力困扰,轻则会情绪低落、抑郁和心力交瘁,重则会危害身体健康,造成严重后果。

五、职业压力的调适

Schaufeli 等通过研究职业压力发现,在职场中良好的人际关系会减少职业压力的产生或缓解压力,同时如果领导管理方式更友善且容易被人接受就会让教师们工作更有动力、信心倍增,对减缓职业压力更有效。马斯拉奇曾说过:"职业倦怠不是生理,而是心理问题,在长期的压力下,人们的精力耗尽,会造成严重问题。"实际上,当教师出现了职业压力,症状不仅是疲劳,还包括对同事或者学生发脾气,对自己或自己的工作失去信心和希望等。教师有这样的负面情绪,会导致其无法全身心地投入工作,当实际的工作状态与期望水平不符时,就会对自己产生消极评价,最终导致职业压力加大。Leithwood 等则从学校领导的角度进行分析,他认为在职场这一大环境中,职业压力的产生与领导因素密切相关,不同的领导有不同的行事作风,所以被管理的教师们也会因领导的不同而产生不同程度的职业压力。当领导的行事不公平、管理政策不当、对教师有过多的负面评价等行为长期伴随教师的工作生活时,教师必然会产生心理压力和挫败感。因此,若要缓解教师职业压力,对领导也要有要求,领导应该采用亲切的行事方式,有问题时与教师及时沟通,这样才能有效地缓解教师们的职业压力,为教师们营造良好的工作氛围。

针对如何对地方高校青年教师职业压力进行调适的问题,国内学者也从不同角度提出了观点。学者韩淑琴等提出,教育相关部门一定要多听一线教师的意见和建议,广泛采纳后制定出高效精准的政策,有利于缓解高校教师职业压力。学者邵光华提出一种"工作坊"的缓解模式,由于高校教师工作的内容繁重,环境、气氛较严肃,这个模式能够帮助教师们调整心态、舒缓情绪压力,是一种用途广泛的自我提升的学习方式。它让教师从根本上改变,从一味逃避变成主动适应调节,有力缓和教师与教师之间、教师与学校之间的问题,从而可以有效地缓解教师职业压力。学者裴长安对地方院校的"科研困境"进行研究,他指出地方院校在很多方面都不如重点高校,不论是在学校硬件设备上,还是在科研教学成果上都处于劣势,主要存在定位不清、发展目标不明、科研资源较少等问题;他表明地方院校应该明确应用型科研导向、创新科研模式、深化学校层面科研体制机制改革、完善人才流动机制、提出科研激励制度等。张铁牛等对此问题进行分析研究,他们指出地方学校应大力完善对教师的基本保障措施。郭丽君和周清明也认为地方高校要正确引导教师和科研人员转变观念,改革教师评聘制度、完善成果转化激励政策,建立与之适配的地方政策体系,为教师们营造一个良性的竞争环境,从而为青年教师们的健康发展提供基础。

六、相关研究成果的综合评价

本书通过总结地方高校青年教师职业压力的相关研究发现,很多学者是从心理学角度入手,将教师职业压力总结为精神压力,并认为人在受到环境刺激的过程中,精力会遭到损耗,从而对生理和心理造成影响。在众多研究中,学者们对职业压力造成的消极后果的研究较多,只有少部分专家对职业压力产生的积极影响进行研究,并且多数研究是针对压力对个人的作用,而关于压力给学校、社会方面带来的影响,则是少之又少。一些学者发现,地方青年教师相比其他职业有更大压力,这是外界环境导致的,无论是学校、家庭还是社会,给他们太多的期望和关注,使其承受了过大的压力,最后引起教师情绪的波动,使教师的身心健康受到影响。

教师这一行业从属服务业,不仅要面对科研、文书等工作,还要面对学生,甚至包括学生家长。教师行业,工作负荷量大、压力大,而过高的职业评价和职业期待,又会放大本就存在的职业压力,如果教师能够合理地调节职业压力,便不会对自身造成特别大的影响,但是若是无法调节或者长期处在高压环境下,轻则会使教师对工作失去信心、产生懈怠,重则会对教师的健康造成不可逆的影响,还会对高等教育的传播、人才的培养造成一定消极影响。因此,地方高校青年教师的职业压力问题不容小觑,它需要被大众重视。在社会致力于缓解教师压力的同时也要建立适当的评价体系,为其营造良好的工作环境,提升教师工作的热情。关于学校的管理方式,管理者们要学会以参与式的民主管理为主,管理理念要进步、领导方式要多样化,在完成相关计划的同时,做到学校整体发展和教师实际情况相结合,既要给教师适当压力,又要给教师相应的鼓励和支持。

第四节　本章小结

本章是后续研究得以展开的理论基础部分。首先,本章介绍了本书的核心概念,界定了地方高校青年教师年龄的范围,即在地方高校工作的 25～40 岁的教师。相对于一些工作在中央部署的重点高校的青年教师来说,地方院校的青年教师会面临诸如相对简陋的工作环境、相对稀少的学术资源、相对较低的职业流动性等问题。其次,本章系统介绍了压力认知交互作用理论、压力刺激理论、压力与适应理论和马斯洛需求层次理论,为地方高校青年教师职业压力的后续研究提供理论基础。最后,本章围绕国内外职业压力的内涵、职业压力的表现形式、职业压力的来源、职业压力的产生、职业压力的调适等核心问题,对国内外相关研究进行了详细的梳理和综合述评,为本书后续的研究提供了文献支撑。

第三章　地方高校青年教师职业压力研究的设计——以吉林省为例

第一节　职业压力的预调研设计及结果分析

一、研究对象与职业压力问卷设计

(一)研究对象

本书主要针对吉林省地方高校青年教师在日常工作和生活中产生的职业压力进行研究,通过查阅文献资料,依据"地方高校青年教师"的界定标准,考虑到研究的对象所在地理区域、职业定位、所在学校层次以及年龄方面的限制,再结合前文对青年教师的定义,最终将研究对象确定为当前在 25~40 岁的就职于吉林省省属高等院校内日常教学或科研工作岗位的全职教师。

(二)访谈提纲设计

本书在马斯洛需求层次理论的基础上,以了解地方高校青年教师是否存在压力,以及压力都产生在哪些方面为基础设计访谈提纲。访谈提纲首先进行开放性提问,针对高校青年教师职业压力相关问题进行深入探讨,以便更好地了解地方高校青年教师在日常工作和学习中对压力的直观感受以及压力对他们产生的影响(访谈提纲的主要内容详见附录 A)。

(三)调查问卷设计

调查问卷在设计好访谈提纲之后,加上以往文献资料对地方高校青年教师职业压力的研究以及统计学原理,邀请符合不同人口统计学特征的 16 位地方高校青年教师作为访谈对象进行访谈。访谈调查在理论分析的基础上,从实际生活中获取地方高校青年教师的压力情况和压力源材料,为下一步设计吉林省地方高校青年教师职业压力调查问卷提供先决条件。在访谈结束并对结果整理之后,对高校青年教师感到压力的时间采取归类、汇总的方法,最终得到各个压力项目的影响程度排序。又考虑到不同教师性格的差异,可能对一些职业压力感触不明显、无法清楚认识到自身压力情况,所以调查问卷还参考了李虹撰写的《大学教师工作压力量表》和曾晓娟关于教师工作压力的研究,根据马斯洛需求层次理论对这些测试项目进行分类、归纳,请管理学和心理学专业的教师对项目合理性进行评判,评定这些项目是否能真实反映地方高校青年教师的职业压力,再对不合适的项目进行删除或修改,最大限度地保证问卷所涉及条目的合理性和有效性。除此之外,根据以往压力量表中存在的问题进行完善:第一,为了防止混同心理健康情况与压力感受,项目都是针对客观事件提问,而不是询问主观感受;第二,为了防止混同不可控压力可能导致的偏差,调查问卷在设置选项时采取 1~5 等级来划分压力的严重程度;第三,为了防止混同中外文化差异对结果造成的影响,在访谈时并未选择高校内西方青年教师,调查问卷全部采用我国青年教师在访谈中所提到的压力事件作为量表的项目,初步形成后进行一定时期的预调研,根据收集的结果进一步调整项目,最终形成正式的调查问卷(详见附录 B)。

本次预调研问卷一共包括三个部分:第一部分是调查对象的基本信息,包括性别、年龄、民族、婚姻情况、户籍情况、家中孩子数量和老人数量、房产数量、存款数量、学位、教龄、职称、从教学科类别、所在高校类别等 15 个问题,这部分可以通过调查对象的基本情况进行了解,以便在后来的样本分析中对不同性别、不同年龄段、不同婚姻情况等多个层面青年教师的职业压力情况进行对比。第二部分是吉林省地方高校青年教师职业压力情况调查,通过职业压力情况调查表开展调查工作,此量表由 31 个问题构成,采用李克特(Likert)五点式量表进行划分,选项由 1~5 等级组成,从小到大分别是:1 表示"没有压力"、2 表示"较小压力"、3 表示"一般压力"、4 表示"较大压力"、5 表示"巨大压力",数字越大代表所感到的压力越强。该表根据因子分析可以分为 7 个因子,分别是:工作负担因子(包括项目 A1、A2、A3、A4、A5、A6)、职业发展因子(包括项目 A7、A8、A9、A10)、生活保障因子(包括项目 A11、A12、A13、A14、A15)、人际交往因子(包括项目 A16、A17、A18)、职称评定因子(包括项目 A19、A20、A21)、社会与自我期望因子(包括项目 A22、A23、A24、A25)、组织管理因子(包括项目 A26、A27、A28、A29、A30),本表最后一个问题设为被调查人的总体压力感受,对于了解地方高校青年教师整体压力情况有一定帮助。第三部分是吉林省地方高校青年教师压力源分析调查,这部分选项与第二部分保持一致,项目设定上主要是为了调查不同原因下青年教师的压力情况,可以分为三个维度:社会压力源、高校压力源、个人压力源,量表最后一个问题对总体压力感受进行询问,有助于接下来进行的实证分析。

二、职业压力问卷的预调研

本书通过发放调查问卷的方式收集地方高校青年教师职业压力的数据,利用信度和效度分析的方法,对调查问卷的合理性和有效性进行检验,预调研问卷将问卷中不合理的选项进行删除,形成的正式问卷。本次预调研受地域和调查对象的限制,选取了吉林省内的长春理工大学、东北电力大学、长春工业大学、吉林建筑大学、北华大学等多所地方高校的青年教师作为调查对象,通过问卷星二维码的方式在线上随机发放问卷,答题时间不做要求,保证每道题都是经过认真思考后作答。最后收回预调研问卷 100 份,为正式问卷调查提供了参考。

(一)预调研样本分析

本书为最大限度地保证样本数据的真实性和有效性,需要对预调研样本进行整理分析,筛选出不合理的数据并剔除,以便后续的信效度检验,从而为设计正式问卷提供依据。预调研问卷基本统计情况见表 3-1。

表 3 - 1 预调研问卷基本统计情况

项目	选项	样本数/人	占比/%
性别	女	57	57
	男	43	43
年龄	30 岁及以下	33	33
	31~35 岁	20	20
	36~40 岁	47	47
婚姻情况	已婚	69	69
	未婚	31	31
户籍情况	城镇	55	55
	农村	45	45
学位	学士	26	26
	硕士	33	33
	博士及以上	41	41
教龄	5 年以内(不含 5 年)	43	43
	5~10 年(不含 10 年)	16	16
	10 年及以上	41	41
职称	讲师	69	69
	副教授	21	21
	教授	10	10
从教学科类别	文科	72	72
	理科	16	16
	工科	12	12
高校层次	本科院校	94	94
	大专院校	6	6
所在高校类别	综合类	41	41
	财经类	2	2
	理工类	39	39
	师范类	18	18
家中孩子数量	一个	65	65
	两个	31	31
	三个及以上	4	4
家中老人数量	一位	20	20
	两位	33	33
	三位及以上	47	47

表 3-1(续)

项目	选项	样本数/人	占比/%
房产数量	一套	57	57
	两套	31	31
	三套及以上	12	12
存款数量	10 万元以下(不含 10 万元)	49	49
	10 万~30 万元(不含 30 万元)	16	16
	30 万~50 万元(不含 50 万元)	14	14
	50 万元及以上	21	21

在收集的 100 份问卷结果中,女性青年教师数量为 57 人,比例为 57%;男性青年教师数量为 43 人,比例为 43%,性别相对均衡。年龄在 30 岁及以下的青年教师为 33 人,比例为 33%;年龄在 31~35 岁的青年教师为 20 人,比例为 20%;年龄在 36~40 岁的青年教师为 47 人,比例为 47%,说明此次预调研选取的青年教师年龄主要分布在 30 岁及以下和 36~40 岁。有 69 人已婚,比例为 69%;有 31 人未婚,比例为 31%。城镇户籍有 55 人,比例为 55%;农村户籍有 45 人,比例为 45%。其中有 26 人为学士,比例为 26%;33 人为硕士,比例为 33%;41 人为博士及以上,比例为 41%,说明在此次预调研中青年教师主要以博士及以上学位为主。工作时长在 5 年以内(不含 5 年)的青年教师有 43 人,比例为 43%;工作时长在 5~10 年(不含 10 年)的青年教师有 16 人,比例为 16%;工作时长在 10 年及以上的青年教师有 41 人,比例为 41%。职称为讲师的青年教师有 69 人,比例为 69%;职称为副教授的青年教师 21 人,比例为 21%;职称为教授的青年教师仅有 10 人,比例为 10%。从教学科类别为文科的青年教师有 72 人,比例为 72%;从教学科类别为理科的青年教师有 16 人,比例为 16%;从教学科类别为工科的青年教师有 12 人,比例为 12%。所在高校为本科院校的有 94 人,比例为 94%;专科院校的有 6 人,比例为 6%。所在高校为综合类高校的有 41 人,比例为 41%;所在高校为财经类高校的有 2 人,比例为 2%;所在高校为理工类高校的有 39 人,比例为 39%;所在高校为师范类高校的有 18 人,比例为 18%。家中孩子数量为一个的青年教师有 65 人,比例为 65%;家中孩子数量为两个的青年教师有 31 人,比例为 31%;家中孩子数量为三个及以上的青年教师有 4 人,比例为 4%。家中有一位老人的青年教师有 20 人,比例为 20%;家中有两位老人的青年教师有 33 人,比例为 33%;家中有三位及以上老人的青年教师有 47 人,比例为 47%。有一套房子的青年教师有 57 人,比例为 57%;有两套房子的青年教师有 31 人,比例为 31%;有三套及以上房子的青年教师有 12 人,比例为 12%。存款数量在 10 万元以下(不含 10 万元)的青年教师有 49 人,比例为 49%;存款数量在 10 万~30 万元(不含 30 万元)的青年教师有 16 人,比例为 16%;存款数量在 30 万~50 万元(不含 50 万元)的青年教师有 14 人,比例为 14%;存款数量在 50 万元及以上的青年教师有 21 人,比例为 21%。

(二)预调研问卷的信效度检验

对于压力感问卷调查,其测量标准是有一定要求的,那就是必须满足测量的信度。信度检验,可以理解为问卷的可靠性分析,是指无论使用哪种测量工具,都不会产生随机性误差,因为在调查中,如果随机性误差存在得越多,那么本次调查的可靠性即信度也就越低。随机性误差又称偶然误差或不定误差,通常是指在项目测试过程中,由于一些与其相关的因素细微的改变而造成的具有相互抵消作用的误差。在测试中有很多因素都可能导致随机性误差的出现,其中较普遍的因素有:被调查对象的个人基本特征、环境和情境条件的变化,测量工具的不稳定,分析人员操作过程的细微差别等。为了判断并解决这些导致误差出现的因素,以及这些因素产生的原因各不相同,研究人员设计出很多统计方法,即信度评价方法,它包括重测信度、复本信度、内部一致性信度和评分者信度。例如,在不同的时间点,因为某个偶然因素产生了随机性误差,如果想要明确判断这个误差到底是什么,可以采取同一种测试方法,但要选取不同的时间点进行测试,然后对这两次检验的结果进行相关性评估,这样获得的信度被称为重测信度,一般可从时间上验证测量结果的稳定性。但是,由于本次问卷调查是针对压力情况设计的量表,每个人的压力感觉可能随着时间、地点以及情境的转移发生各种各样的改变,在测量过程中想要保持压力测量结果的时间稳定性是存在很大客观困难的,所以根据以往的文献资料,本次调查采取的信度评价方法为内部一致性信度。内部一致性信度又称内部一致性系数,通常用来测量同一个定义下众多测量结果的一致性程度,内部一致性信度检验法通常有可能产生以下两个方面的随机性误差:测试中所设置每个题目的基本特征、测试中所有题目在定义和内容上的相互一致性程度。为了解释本次调查中所涉及题目之间的一致性并演示其对内部一致性信度的影响程度,此次调查问卷决定采用一个包括30道测量题目的问卷来判断被调查者在日常生活和工作环境中所感受到压力的大小,因为如果这30道题目所涉及的内容有很高的统一性,那么被调查者在这30道题目的评价结果中就有很大可能相互一致。接下来,将这些内容相近的问题形成调查量表,面对以上题目,被调查对象更有可能做出较为一致的选择。因此,可以推断出,该调查问卷的内部一致性信度较高。

预调研是形成正式问卷的先决条件。预调研的主要目的是通过初步设定相关问题来获取数据,并对这些数据进行分析整理,通常采用的方法是运用 SPSS 软件对预调研问卷进行信度与效度检验,评估这份问卷中的题目设计是否合理,并根据软件分析出的结果对不合理的问题进行修改或者删除,最终形成一份可靠性较高的正式问卷。运用 SPSS 软件对预调研问卷进行数据分析,通常采用的方法是使用修正后的分项与总计相关系数(corrected item-total correlation,CITC)来判断测量项目是否合适;克隆巴赫系数(Cronbach's alpha)(用 α 表示)是心理或教育等专业进行调查测验时普遍使用的一种信度测量工具,它由克隆巴赫将前人研究出来的可靠性系数总结并实现公式化,后来人们使用该系数来评估多种维度组成的统计量表的稳定性或内部一致性信度。根据鲁克特(Ruekert)的观点可以知道,SPSS 软件计算出来的修正后的分项与总计相关系数,通常用来检验调查问卷中的每一个问题是否和当初设计的某个维度契合、相关程度的大小,并且判断这种相关性的理论意义是否存在,对不合适的压力测试问题会进行剔除,主要包括以下两种情况:一是修正后的分项与总计相关系数小于0.4的项目予以剔除;二是某些项目删除后,将 α 变大的项目予以剔除。综上所述,在大部分实证分析中进行的信度检验,通常采用 α 来判定测量项目的内部一致性信度。当前学术界普遍认为，α越大，可以正面调查问卷设计的测量项目之间的相关性、较小的标准差、内部一致性信度就越高。在具体的实证研究应用中，如果$\alpha > 0.8$，代表该调查问卷或量表的信度非常好；如果α为$0.7 \leqslant \alpha \leqslant 0.8$，代表该调查问卷或量表的信度良好；如果$\alpha$为$0.5 \leqslant \alpha < 0.7$，代表该调查问卷或量表的信度可以接受；如果$0.35 \leqslant \alpha < 0.5$，那么该调查问卷或量表的项目需要做较大修改；如果$\alpha < 0.35$，代表该调查问卷或量表应该予以删除。具体判断标准见表3-2。

表3-2 判断标准

数值范围	适合程度
$\alpha > 0.8$	非常适合
$0.7 \leqslant \alpha \leqslant 0.8$	适合
$0.5 \leqslant \alpha < 0.7$	可以接受
$0.35 \leqslant \alpha < 0.5$	不太适合
$\alpha < 0.35$	极不适合

除了信度分析之外，还要对预调研量表做效度检验，因为效度是最能系统、准确地反映此次调查目的和要求的一种方式。所有测量的效度，即测量的有效性，就是泛指根据测量工具或手段能够准确测出所需测量事物的程度，通常用来判断调查问卷设计是否准确，即使用 SPSS 软件中的因子分析对调查问卷的结构效度进行检验。

此次调查问卷是关于吉林省地方高校青年教师职业压力程度的量表，为便于计算观察，本书将压力程度设为5个级别，即每件事带来的压力程度对应数字1~5，两者呈现正相关，样本数据中得到的分数越高，代表存在的压力越大，最终本书根据量表呈现的数据合理地推断出这些高校青年教师的压力程度。

量表效度有很多种评价方法，因为效度大体上分为三种类型：内容效度、准则效度和结构效度，而不同类型的效度所需要的效度验证方法也不一样，这些验证方法根本目的就是要验证量表得出的数据是否能够准确地推理出此次调查研究的变量。效度分析一般是与理论中的假设进行比较说明，为了保证调查问卷的系统性与准确性，此次调研使用 SPSS 软件的因子分析法来验证调查问卷的整体结构效度。结构效度，又称构想效度，用来衡量测量工具是否准确解释了所要测量的调查内容的内部结构，通常用在理论研究中，反映理论与实践的一致性，然而在做因子分析之前，需要根据 KMO（Kaiser-Meyer-Olkin）样本测度，即使用性指数、自由度、近似卡方和 Bartlett 球形检验显著性大小等指标，来判断该样本数据是否适合做因子分析，KMO 数值通常为0~1，数值越接近1，说明数据越适合进行因子分析，数值越接近0，说明数据越不适合进行因子分析。具体来说，当 KMO > 0.9 时，表示非常适合；当 $0.8 < KMO \leqslant 0.9$ 时，表示比较适合；当 $0.7 < KMO \leqslant 0.8$ 时，表示适合；当 $0.6 < KMO \leqslant 0.7$ 时，表示一般；当 $0.5 \leqslant KMO \leqslant 0.6$ 时，表示不太适合；当 KMO < 0.5 时，表示极不适合。具体判断标准见表3-3。

表 3 - 3　KMO 判断标准

数值范围	适合程度
KMO > 0.9	非常适合
0.8 < KMO ≤ 0.9	比较适合
0.7 < KMO ≤ 0.8	适合
0.6 < KMO ≤ 0.7	一般
0.5 ≤ KMO ≤ 0.6	不太适合
KMO < 0.5	极不适合

在此次预调研问卷的数据分析中,首先运用修正后的分项与总计相关系数(CITC)处理量表,因为 CITC 普遍应用于判断问卷中每个项目与整体量表的相关程度,验证两者之间的理论意义。根据心理学领域的相关研究可以知道,CITC 必须大于 0.4,量表中小于 0.4 的项目应该剔除。

经过信度和效度检验之后,表 3 - 4 所示的职业压力调查量表的 30 个项目里,只有 A17 这一项低于 0.4,应该予以删除,其他项均远远高出 0.4,说明量表内部一致性较好,量表通过信度检验。结合表 3 - 3 和表 3 - 4,KMO 值为 0.802,处于 0.8 < KMO ≤ 0.9 这个区间,适合进行因子分析,并且近似卡方为 1 548.188,自由度为 435,显著性为 0.000 < 0.005,拒绝 Bartlett 球形假设,可以证明量表各项目之间存在相关性,并不是相互独立的,可以进行因子分析。

表 3 - 4　吉林省地方高校青年教师职业压力量表信效度检验

测试项目	CITC	删除项后 α 值	测试项目	CITC	删除项后 α 值
A1	0.62	0.97	A16	0.67	0.97
A2	0.71	0.97	A17	0.33	0.97
A3	0.56	0.97	A18	0.55	0.97
A4	0.70	0.97	A19	0.75	0.97
A5	0.75	0.97	A20	0.76	0.97
A6	0.82	0.97	A21	0.76	0.97
A7	0.70	0.97	A22	0.76	0.97
A8	0.71	0.97	A23	0.59	0.97
A9	0.74	0.97	A24	0.76	0.97
A10	0.74	0.97	A25	0.72	0.97
A11	0.77	0.97	A26	0.70	0.97
A12	0.79	0.97	A27	0.74	0.97
A13	0.59	0.97	A28	0.82	0.97

表 3 - 4(续)

测试项目	CITC	删除项后α值	测试项目	CITC	删除项后α值
A14	0.77	0.97	A29	0.77	0.97
A15	0.79	0.97	A30	0.70	0.97
	—	—	—	—	
α 值	—	—	—	—	0.97
	—	—	—	—	
KMO	—	—	—	—	0.802
近似卡方	—	—	—	—	1 548.188
自由度	—	—	—	—	435
显著性	—	—	—	—	0.000

(三)预调研问卷的因子结构验证

表 3 - 4 中 KMO 和 Bartlett 球形检验的数据可以证明该调查量表适合做因子分析。所以接下来本书要对这份问卷进行探索性因子分析,即因子结构验证,判断量表中的项目可以划分为哪几个维度,为形成正式问卷提供基础。

在实际应用当中,研究通常采用主成分分析法来进行探索性因子分析。所谓主成分分析法,就是一种将多个变量划分为少数几个综合指标的统计分析方法,这种方法可以根据较少的因素,通过数据处理来解释说明最多的方差。在以往大量的文献资料中,专家学者在进行因子分析时普遍会选择使用正交旋转法,但是正交旋转法无法在具有相关性的项目中使用。而且此次调查问卷主要涉及压力感觉,项目之间存在着较大程度的相关性,如果选择正交旋转法就很有可能导致数据结果与调查的实际情况相背离,所以本书决定采取最优斜交法,并设定 Kappa 值为 4,最大收敛迭代次数为 25,这种旋转方法能够在确保因子结构不被改变的前提下进行因子分析,而且最重要的是它可以用于有一定程度相关性的项目之间,更符合本次调查问卷的设定。通过对文献资料的总结,本书在使用 SPSS 软件进行降维抽取因子时要设置一定的标准,包括:①因子负荷量 >0.5;②特征根 >1;③每个维度最少包含两个项目;④旋转后初始累积方差解释率 >60% 。

此次调查问卷一共提取出 6 个因子,旋转后的累积方差解释率为80.76%,特征根均大于 1,没有需要剔除的项目(表 3 - 5)。如表 3 - 6 所示,6 个因子中,除了 A13 所在的因子,其他都至少包含了两个项目,所以将 A13 删除,而且每个项目计算出的因子负荷为 0.51 ~ 0.99,远远高于 0.4。但 A14、A15、A22 三个项目并没有显示出数据,应当予以删除。接下来参考马斯洛需求层次理论,并且根据每个项目的含义和各测量项目的实际情况,对剩下的 5 个因子分别进行命名。

表 3-5 职业压力调查量表因子特征根与方差解释率

项目序号	初始特征值			提取载荷平方和			旋转载荷平方和
	总计	方差/%	累积/%	总计	方差/%	累积/%	总计
A1	16.10	53.66	53.66	16.010	53.66	53.66	13.09
A2	2.37	7.91	61.57	2.37	7.91	61.57	9.51
A3	2.20	7.34	68.92	2.20	7.34	68.92	11.55
A4	1.31	4.38	73.29	1.31	4.38	73.29	10.90
A5	1.22	4.06	77.35	1.22	4.06	77.35	5.45
A6	1.02	3.41	80.76	1.02	3.41	80.76	7.40
A7	0.76	2.58	83.34	—	—	—	—
A8	0.63	2.09	85.43	—	—	—	—
A9	0.59	1.95	87.38	—	—	—	—
A10	0.54	1.81	89.19	—	—	—	—
A11	0.48	1.59	90.79	—	—	—	—
A12	0.38	1.28	92.06	—	—	—	—
A13	0.35	1.18	93.24	—	—	—	—
A14	0.30	0.98	94.23	—	—	—	—
A15	0.28	0.94	95.16	—	—	—	—
A16	0.23	0.76	95.93	—	—	—	—
A17	0.20	0.67	96.60	—	—	—	—
A18	0.18	0.59	97.19	—	—	—	—
A19	0.16	0.53	97.72	—	—	—	—
A20	0.13	0.43	98.15	—	—	—	—
A21	0.12	0.40	98.55	—	—	—	—
A22	0.08	0.28	98.83	—	—	—	—
A23	0.08	0.25	99.08	—	—	—	—
A24	0.07	0.23	99.31	—	—	—	—
A25	0.05	0.18	99.49	—	—	—	—
A26	0.05	0.17	99.66	—	—	—	—
A27	0.04	0.12	99.78	—	—	—	—
A28	0.03	0.11	99.88	—	—	—	—
A29	0.02	0.08	99.96	—	—	—	—
A30	0.01	0.04	100	—	—	—	—

表 3-6 最优斜交旋转后因子负荷矩阵

题项	因子负荷					
	F1	F2	F3	F4	F5	F6
A30.承担本职工作之外的仟务让您感到	0.99					
A29.频繁的教学检查让您感到	0.88					
A26.规章制度的频繁变更让您感到	0.81					
A12.付出与薪酬不成正比让您感到	0.80					
A28.组织较低的办事效率让您感到	0.70					
A11.基本工资水平不高让您感到	0.60					
A21.职称评审制度的信息不透明让您感到	0.55					
A10.工作岗位竞争激烈让您感到	0.52					
A22.社会高要求让您感到						
A1.工作时间长让您感到		0.93				
A3.科研任务重让您感到		0.90				
A2.工作强度大让您感到		0.85				
A4.教学任务重让您感到		0.73				
A6.教学与科研的平衡难度让您感到		0.62				
A5.专业知识的更新速度让您感到		0.51				
A25."唯科研论"的大环境让您感到			0.89			
A19.职称评审要求的增长趋势让您感到			0.80			
A20.职称评审政策的频繁改动让您感到			0.79			
A27.教师考核系统的不完善让您感到			0.72			
A24.对自己期望较高让您感到			0.67			
A9.高级科研项目申请难让您感到			0.66			
A7.缺乏继续学习、进修的机会让您感到				0.91		
A8.工作与进修的冲突让您感到				0.89		
A16.领导较少的重视与肯定让您感到				0.71		
A15.无法兼顾家庭让您感到						
A17.与周围同事关系不够融洽让您感到					0.95	
A23.媒体对某些高校教师的报道让您感到	0.57				0.71	
A18.教育和管理学生比较困难让您感到					0.70	
A13.住房保障政策不完善让您感到						0.95
A14.学校福利政策的缺乏让您感到						

第一个因子(F1)包括 8 个项目,分别是 A30"承担本职工作之外的仟务让您感到"、A29"频繁的教学检查让您感到"、A26"规章制度的频繁变更让您感到"、A12"付出与薪酬不成正比让您感到"、A28"组织较低的办事效率让您感到"、A11"基本工资水平不高让您感到"、

A21"职称评审制度的信息不透明让您感到"、A10"工作岗位竞争激烈让您感到",在此维度中,A11"基本工资水平不高让您感到"和 A12"付出与薪酬不成正比让您感到"与其他几个项目的语境有较大差距,故将其删去,剩余其他 6 个项目均能反映学校在组织管理方面的问题,所以将这个维度命名为"组织管理因子"。

第二个因子(F2)包括 6 个项目,分别是 A1"工作时间长让您感到"、A3"科研任务重让您感到"、A2"工作强度大让您感到"、A4"教学任务重让您感到"、A6"教学与科研的平衡难度让您感到"、A5"专业知识的更新速度让您感到",这 6 个项目均表现了青年教师在工作中可能出现的职业压力,其中 A1 和 A2 表现了教师工作时间和强度两个方面带来的压力,A4 表现了教学工作带来的压力,A3、A5 表现了科研任务带来的压力,A6 则反映出当前高校教师最主要的压力来源,即如何平衡教学与科研工作,所以将这个维度命名为"工作负担因子"。

第三个因子(F3)包括 6 个项目,分别是 A25"'唯科研论'的大环境让您感到"、A19"职称评审要求的增长趋势让您感到"、A20"职称评审政策的频繁改动让您感到"、A27"教师考核系统的不完善让您感到"、A24"对自己期望较高让您感到"、A9"高级科研项目申请难让您感到",在此维度中,A9"高级科研项目申请难让您感到"和 A24"对自己期望较高让您感到"与其他 4 个项目在语义上有较大分歧,应当予以剔除,剩余 4 个项目均是反映学校在职称评审方面的相关问题,所以将这个维度命名为"职称评审因子"。

第四个因子(F4)包括 3 个项目,分别是 A7"缺乏继续学习、进修的机会让您感到"、A8"工作与进修的冲突让您感到"、A16"领导较少的重视与肯定让您感到",这 3 个项目均能反映出高校青年教师在职业发展过程中可能遭受的压力,所以将这个维度命名为"职业发展因子"。

第五个因子(F5)包括 3 个项目,分别是 A17"与周围同事关系不够融洽让您感到"、A23"媒体对某些高校教师的报道让您感到"、A18"教育和管理学生比较困难让您感到",其中 A17 在之前计算得出的修正后的分项与总计相关系数(CITC)为 0.33 < 0.4,且将该项删除后整体问卷的 α 值为 0.97 > 0.969,所以应当将 A17 删除,剩余两个项目均能反映教师在日常工作中面临的人际交往问题,所以将这个维度命名为"人际关系因子"。

综上所述,在使用 SPSS 软件进行信效度检验后,量表在删除一项后的 CITC 均大于 0.4,KMO 值为 0.802,显著性为 0.000,拒绝 Bartlett 球形假设,抽取的因子解释了总变量的 80.76%,可以说明此次调查量表的结构效度良好。接下来根据进行的探索性因子分析,对预调研问卷对项目进行了一些调整,最终形成了正式调查问卷(附录 B)。

剔除 A30"承担本职工作之外的任务让您感到"、A12"付出与薪酬不成正比让您感到"、A22"社会高要求让您感到"、A24"对自己期望较高让您感到"、A9"高级科研项目申请难让您感到"、A15"无法兼顾家庭让您感到"、A17"与周围同事关系不够融洽让您感到"、A13"住房保障政策不完善让您感到"、A14"学校福利政策的缺乏让您感到"等 9 个项目,保留A29"频繁的教学检查让您感到"、A26"规章制度的频繁变更让您感到"、A28"组织较低的办事效率让您感到"、A11"基本工资水平不高让您感到"、A21"职称评审信息不透明让您感到"、A10"工作岗位竞争激烈让您感到"、A1"工作时间长让您感到"、A3"科研任务重让您感到"、A2"工作强度高让您感到"、A4"教学任务重让您感到"、A6"教学与科研的平衡难让您感到"、A5"专业知识的更新速度让您感到"、A25"'唯科研论'大环境让您感到"、A19"职称评审要求的增长趋势让您感到"、A20"职称评审政策的频繁改动让您感到"、A27"教师考核的不完善让您感到"、A7"缺乏学习、进修的机会让您感到"、A8"工作与进修的冲突让您感到"、A16"领导较少的重视与肯定让您感到"、A23"媒体对高校教师的报道让您感到"、A18"教育和管理学生比较困难让您感到"等21个项目,对保留的21个项目重新进行序号排序,最终形成了正式调查问卷(详见附录 B)。

根据正式调查问卷数据和因子分析结果,组织管理因子包括:A9"工作岗位竞争激烈让您感到"、A14"职称评审制度的信息不透明让您感到"、A16"规章制度的频繁变更让您感到"、A18"组织较低的办事效率让您感到"、A19"频繁的教学检查让您感到"、A21"承担本职工作之外的任务让您感到"。工作负担因子包括:A1"工作时间长让您感到"、A2"工作强度大让您感到"、A3"科研任务重让您感到"、A4"教学任务重让您感到"、A5"专业知识的更新速度让您感到"、A6"教学与科研的平衡难度让您感到"。职称评审因子包括:A12"职称评审要求的增长趋势让您感到"、A13"职称评审政策的频繁改动让您感到"、A15"'唯科研论'的大环境让您感到"、A17"教师考核系统的不完善让您感到"。职业发展因子包括:A7"缺乏继续学习、进修的机会让您感到"、A8"工作与进修的冲突让您感到"、A10"领导较少的重视与肯定让您感到"。人际关系因子包括:A11"教育和管理学生比较困难让您感到"、A20"媒体对某些高校教师的报道让您感到"。

第二节　职业压力的正式调研及结果分析

一、调查对象

本次研究的主要对象是吉林省地方高校青年教师,但是由于新冠肺炎疫情影响,限制了线下发放问卷的条件,因此本书采用问卷星软件,针对延边大学、长春理工大学、东北电力大学、长春工业大学、吉林农业大学、长春中医药大学、吉林师范大学、吉林财经大学等多所地方高校青年教师,进行线上发放问卷,同时辅以微信朋友圈传播,最终收回 500 份问卷,回收率为 100%。正式量表详见附录 B。

二、调查结果分析

本书针对收回的 500 份问卷进行描述统计分析(表 3 - 7),可以得到如下结果。第一,在性别方面,男性青年教师的数量为 185 人,占总人数的 37%;女性青年教师的数量为 315 人,占总人数的 63%。性别较不均衡,女性青年教师的人数约为男性青年教师人数的 2 倍。第二,在年龄方面,年龄在 30 岁及以下的地方高校青年教师为 135 人,占比 27%;年龄在 31~35 岁的地方高校青年教师为 105 人,占比 21%;年龄在 36~40 岁的地方高校青年教师为 260 人,占比 52%。此次调查中,所抽取的地方高校青年教师的年龄主要为 36~40 岁。第三,在学位层次的分布中,大部分为硕士学位的地方高校青年教师,其人数为 240 人,占比48%,将近总人数的一半;学士学位的地方高校青年教师的人数为100人,占比20%;博士学位及以上学位的地方高校青年教师人数为160人,占比32%。第四,在教龄方面,各个时间段的分布较为均匀,占比最大的部分是教龄在10年及以上的地方高校青年教师,其人数为200,占比40%;教龄为5年以内(不含5年)的地方高校青年教师人数为180人,占比36%;教龄为5~10年(不含10年)的地方高校青年教师人数为120人,占比24%。第五,在职称方面,大部分青年教师的职称都较低,其中,有360名地方高校青年教师的职称为讲师,占比为72%;职称为副教授的地方高校青年教师人数为100人,占比20%;而职称为教授的地方高校青年教师则是凤毛麟角,其人数为40人,占比8%。第六,在从教学科分类方面,文科的地方高校青年教师占据了整个样本的大多数,其人数为370人,占比74%;从事理科教学的地方高校青年教师人数为70人,占比14%;而从事工科教学的地方高校青年教师的人数则更少,只有60人,占比12%。第七,在高校层次方面,可以看出,我们主要调查的是本科院校,在500名地方高校青年教师中,有440名青年教师来自本科院校,占比88%;其余的60名青年教师来自大专院校,占比12%。

表3-7　正式问卷基本统计情况

项目	选项	样本数/人	占比/%
性别	男	185	37
	女	315	63
年龄	30岁及以下	135	27
	31~35岁	105	21
	36~40岁	260	52
学位	学士	100	20
	硕士	240	48
	博士及以上	160	32
教龄	5年以内(不含5年)	180	36
	5~10年(不含10年)	120	24
	10年及以上	200	40
职称	讲师	360	72
	副教授	100	20
	教授	40	8
从教学科类别	文科	370	74
	理科	70	14
	工科	60	12
所在高校层次	本科院校	440	88
	大专院校	60	12

三、验证性因子分析

(一)绝对指标与相对指标检验

如表 3 – 8 所示,在 AMOS 软件中,比较常用的拟合指标有 6 种。其中,绝对指标有两种,第一是卡方与自由度比值,即 χ^2/df,一般来说,当 $\chi^2/df < 2$ 时,是模型最为理想的时候,但是当 $2 \leqslant \chi^2/df \leqslant 5$ 时,模型也是可以接受的,但是当 $\chi^2/df > 5$ 时,模型不可接受;第二是近似误差均方根 RMSEA,RMSEA 在 0.05 ~ 0.1 时是可以接受的,超过 0.1 则模型不可接受。相对指标有 4 种,第一是比较拟合指数 CFI;第二是标准拟合指数 NFI;第三是 Tucker – Lewis 指数(TLI);第四是修正的标准拟合指数 IFI。以上 4 种指数的取值理想范围是 0.9 ~ 1,且越接近于 1 越好,在实际应用中并没有像绝对指标那样要求得极为严格。本书的整体拟合系数见表 3 – 9。

在本书中,卡方与自由度比值 χ^2/df 为 2.62,虽然大于 2,但是小于 5,落在模型可接受的标准范围内。模型的拟合参数 CFI、IFI、TLI、NFI 的值分别为 0.79、0.80、0.76、0.71,均在0.7以上,说明模型与数据拟合效果较好。

表 3 – 8　拟合指标范围

指标	不同指标阈值		
	模型质量理想	模型可接受	模型需调整
χ^2/df	<2	2 ~ 5	>5
RMSEA	<0.05	0.05 ~ 0.1	—
CFI	>0.90	0 ~ 1	—
NFI	>0.90	0 ~ 1	—
TLI	>0.90	0 ~ 1	—
IFI	>0.90	0 ~ 1	—

表 3 – 9　本书整体拟合系数

χ^2	df	χ^2/df	CFI	IFI	TLI	NFI
468.69	179	2.62	0.79	0.80	0.76	0.71

(二)验证性因子结构路径

验证性因子结构路径如图 3 – 1 所示。我们可以得出的结论是因子与测量项之间有着良好的对应关系,因为标准化路径系数均达到了显著性水平,模型中因子载荷系数大部分都处于理想值 0.7 以上。也就是说,验证性因子分析模型与数据的拟合效果良好,问卷收集的数据可以在后续的实证研究中使用。

(三)线性回归分析

数据经过检验之后,其结构性和可靠性都通过了检验,也就是说,对数据的分析可以得出较为满意的结论。因此,将组织管理因子、工作负担因子、职称评审因子、职业发展因子、人际关系因子作为解释变量,以问卷中"A22.总体来说您的压力"为被解释变量,利用 SPSS 软件进行线性回归分析。

表 3 – 10　模型摘要

模型	R	R^2	调整后 R^2	标准估算的错误
1	0.80	0.63	0.59	0.68

如表 3 – 10 所示,R 即模型的相关系数为 0.80,表明变量之间相关性较强,R^2 的数值调整后从 0.63 变为 0.59,仍超过规定数值 0.5,因此,模型中选择的自变量具有对因变量较好的解释能力。

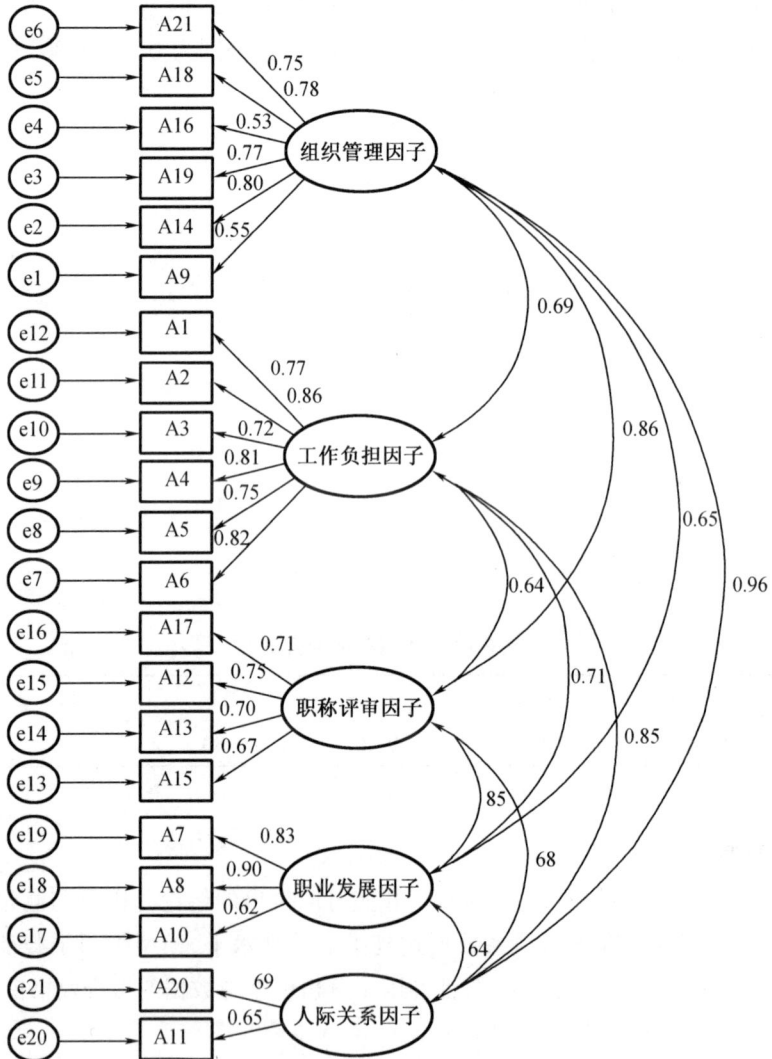

图 3 – 1　验证性因子结构路径

如表 3 - 11 所示,统计量 $F = 14.92$,P 值为 $0.00 < 0.05$,据此,本书认为该数据是具有统计学意义的,所以"回归方程"拟合的效果是比较令人满意的。

表 3 - 11　ANOVA 系数

模型	平方和	自由度	均方	统计量 F
回归	34.41	5	6.88	14.92***
残差	19.83	43	0.46	—
总计	54.25	48	—	—

注:"*"代表显著性水平 $P \leqslant 0.05$;"**"代表显著性水平 $P \leqslant 0.01$;"***"代表显著性水平 $P \leqslant 0.001$。

如表 3 - 12 所示,第一,"组织管理因子"的回归系数是 0.45,$P \leqslant 0.001$,说明"组织管理因子"中所包含的解释变量对总体压力具有显著正向影响,也就是说,地方高校青年教师在"承担本职工作之外的任务让您感到""频繁的教学检查让您感到""规章制度的频繁变更让您感到""组织较低的办事效率让您感到""职称评审制度的信息不透明让您感到""工作岗位竞争激烈让您感到"这些变量上的得分越高,地方高校青年教师产生职业压力的可能性就越高;第二,"工作负担因子"的回归系数是 0.44,$P \leqslant 0.001$,说明"工作负担因子"中所包含的解释变量对总体压力具有显著正向影响,也就是说,地方高校青年教师在"工作负担因子"的得分每增加 1 个单位,地方高校青年教师的职业压力感就会上升 0.44;第三,"职称评审因子"的回归系数是 0.45,$P < 0.05$,说明"职称评审因子"中所包含的解释变量对总体压力具有显著正向影响,也就是说,地方高校青年教师在"'唯科研论'的大环境让您感到""职称评审要求的增长让您感到""职称评审政策的频繁改动让您感到""教师考核系统的不完善让您感到"这些变量上的得分越高,地方高校青年教师产生职业压力的可能性就越高;第四,"职业发展因子"的回归系数是 0.21,$P \leqslant 0.001$,说明"职业发展因子"中所包含的解释变量对总体压力具有显著正向影响,也就是说,地方高校青年教师在"职业发展因子"上得分每增加 1 个单位,地方高校青年教师产生职业压力的可能性就会提高 0.21;第五,"人际关系因子"的回归系数是 0.26,$P \leqslant 0.001$,说明"人际关系因子"中所包含的解释变量对总体压力具有显著正向影响,也就是说,地方高校青年教师在"人际关系因子"上的得分每增加 1 个单位,地方高校青年教师产生职业压力的可能性就会提高 0.26。

表 3 – 12　估计结果

模型	变量	未标准化系数		标准化系数	
		B	标准错误	Beta	t
1	（常量）	3.49***	0.10	—	35.97
	组织管理因子	0.45***	0.10	0.423	4.63
	工作负担因子	0.44***	0.10	0.42	4.51
	职称评审因子	0.45***	0.10	0.42	4.59
	职业发展因子	0.21***	0.10	0.20	2.11
	人际关系因子	0.26***	0.10	0.25	2.69

注:"＊"代表显著性水平 $P \leqslant 0.05$;"＊＊"代表显著性水平 $P \leqslant 0.01$;"＊＊＊"代表显著性水平 $P \leqslant 0.001$。

以上结果说明组织管理因子、工作负担因子、职称评审因子、职业发展因子、人际关系因子中包含的解释变量是导致高校青年教师产生职业压力的重要因素。

第三节　本章小结

本章的核心内容是依赖预调研的数据结果对问卷进行设计与修改,并呈现相关结论。在这一过程中,本书主要依据已有的研究文献,设计吉林省地方高校青年教师职业压力调查问卷,选取吉林省内的延边大学、长春理工大学、东北电力大学、长春工业大学等多所地方高校展开预调研,通过信效度检验和因子结构验证,删除问卷不合理的选项,通过因子分析的方法提取出 5 个公因子,分别命名为"组织管理因子""工作负担因子""职称评审因子""职业发展因子""人际关系因子",并得以形成正式问卷。最终对正式问卷所收取的数据进行整理和分析,主要采用因子分析和线性回归两种方法得出相关数据结果,并对数据结果进行解读,得出了这 5 个公因子对地方高校青年教师职业压力的产生具有显著正向影响的结论,为后续地方高校青年教师职业压力现状的分析提供基本框架数据支撑。

第四章 地方高校青年教师职业压力的现状分析——以吉林省为例

了解地方高校青年教师职业压力的现状是提出压力有效调节策略的前提,本章将根据前一章设计的研究框架,以吉林省地方高校青年教师职业压力的相关调研数据为基础,从吉林省地方高校青年教师的基本情况、职业压力的基本表现、职业压力的群体差异三个维度描述地方高校青年教师职业压力的现状。本章具体包括三个部分:第一部分为吉林省地方高校青年教师的概况,包括个体特征情况、学位和教龄状况、职称与所在高校层次等;第二部分介绍了反映职业压力状况的五个维度,包括组织管理的压力、工作负担的压力、职称评审的压力、职业发展的压力、人际关系的压力;第三部分对地方高校青年教师职业压力的现状进行差异性分析。

第一节 地方高校青年教师的概况

本书的问卷调查涉及吉林省地方高校青年教师的基本信息和职业压力情况。本节首先对吉林省地方高校青年教师的性别、年龄、婚姻情况、户籍情况、民族、家中孩子数量、家中老人数量、房产数量、存款数量、学位、教龄、职称、高校层次、从教学科类别、所在高校类别等各项基本信息进行了描述性统计分析。

一、个体特征情况

根据此次调查问卷收集的数据,从性别、年龄、婚姻情况、户籍情况、民族、家中孩子数量、家中老人数量、房产数量、存款数量9个方面整理出了吉林省地方高校青年教师的个体特征情况表,如表4-1所示。

表4-1 吉林省地方高校青年教师个体特征情况

项目	选项	样本数/人	占比/%
性别	男	185	37
	女	315	63
年龄	20~30岁	135	27
	31~40岁	365	73
婚姻情况	已婚	380	76
	未婚	120	24

表 4 - 1(续)

项目	选项	样本数/人	占比/%
户籍情况	城镇	345	69
	农村	155	31
民族	汉族	435	87
	满族	15	3
	回族	5	1
	朝鲜族	35	7
	其他民族	10	2
家中孩子数量	一个	345	69
	两个	130	26
	三个及以上	25	5
家中老人数量	一位	80	16
	两位	140	28
	三位及以上	280	56
房产数量	一套	305	61
	两套	145	29
	三套及以上	50	10
存款数量	10 万元以下(不含 10 万元)	290	58
	10 万 ~ 30 万元(不含 30 万元)	80	16
	30 万 ~ 50 万元(不含 50 万元)	55	11
	50 万元及以上	75	15

(一)性别

男性青年教师人数为 185 人,占比 37%;女性青年教师人数为 315 人,占比 63%。可见吉林省高校青年教师女性占比高于男性,说明女性在毕业后更愿意从事高校教师的工作。

(二)年龄

年龄处于 20 ~ 30 岁的青年教师有 135 人,占比 27%;年龄处于 31 ~ 40 岁的青年教师有 365 人,占比 73%。数据表明,吉林省地方高校青年教师的年龄大部分集中在 31 ~ 40 岁,这是由于高校青年教师普遍是硕士或博士,受教育年限较长,他们刚步入工作岗位大多是 30 岁左右,因此这一年龄段的高校青年教师占比较多。

(三)婚姻和户籍情况

已婚的青年教师人数为 380 人,占比 76%;未婚的青年教师人数为 120 人,占比 24%。对于未婚的青年教师来说,他们大多刚进入工作岗位,还处于职业发展过程中的探索期,因此大部分时间都用在教学科研任务上。

城镇户籍的青年教师有 345 人,占比 69%;农村户籍的青年教师有 155 人,占比 31%。

数据表明,大部分青年教师都是城镇户口,农村户籍的青年教师占不到1/3。

(四)民族

调查的人员中,汉族有435人,占比87%;满族有15人,占比3%;回族有5人,占比1%;朝鲜族有35人,占比7%;其他民族有10人,占比2%。这说明吉林省地方高校青年教师的民族大部分是汉族,只有13%是少数民族。

(五)家中孩子和老人数量

家中有一个孩子的青年教师有345人,占比69%;家中有两个孩子的青年教师有130人,占比26%;家中有三个及以上孩子的青年教师有25人,占比5%。数据表明,家中只有一个孩子的青年教师占比最高,只有少部分青年教师家中有三个及以上孩子,青年教师不会有太大的负担。

家中有一位老人的青年教师有80人,占比16%;家中有两位老人的青年教师有140人,占比28%;家中有三位及以上老人的青年教师有280人,占比56%。数据表明,家中有三位及以上老人的青年教师占比最高,只有少部分青年教师家中只有一位老人,而赡养老人的义务可能会给青年教师带来较大的压力。

(六)家中房产和存款数量

家中有一套房产的青年教师有305人,占比61%;家中有两套房产的青年教师有145人,占比29%;家中有三套及以上房产的青年教师有50人,占比10%。总体来说,大部分青年教师家中有一至两套房子,而只有很少一部分青年教师家中有三套及以上房产。

10万元以下(不含10万元)存款的青年教师有290人,占比58%;10万~30万元(不含30万元)存款的青年教师有80人,占比16%;30万~50万元(不含50万元)的青年教师有55人,占比11%;50万以及以上的有75人,占比15%。

二、学位和教龄状况

(一)学位

吉林省地方高校青年教师的学位情况统计见表4-2。青年教师中学士学位的有100人,占比20%;硕士学位的有240人,占比48%;博士及以上学位的有160人,占比32%。数据表明,硕博以上学位的青年教师占比80%,这也和表4-1中青年教师的年龄相匹配,博士毕业一般在31岁左右,因此教师年龄在31~40岁居多。

如表4-3所示,100位拥有学士学位的青年教师中,有45位年龄处于20~30岁,占比45%;有55位年龄处于30~40岁,占比55%。其中年龄处于20~30岁的青年教师群体面临的压力是多方面的,第一是继续学习进修、提升学历的压力,第二是作为新入职不久的青年教师来说,不管是在教学还是科研上,需要完成的工作任务量都比较大,教学备课也比资历高、经验丰富的教师更吃力,因此在工作中时常会加班完成教学、科研任务,压力也会更大。

在240位硕士学位的青年教师中,有85位年龄处于20~30岁,占比35%;有155位年龄处于31~40岁,占比65%。其中,占比最高的是年龄处于31~40岁的青年教师人数。160位博士及以上学位的青年教师中,有5位年龄处于20~30岁,占比3%;有155位年龄处于 31~40 岁,占比 97%。其中,占比最高的是年龄处于 31~40 岁的青年教师人数,20~30 岁的博士及以上学位青年教师较少,这是因为博士及以上学位毕业的青年教师进入工作岗位基本都是 30 岁以上。

表 4-2　吉林省地方高校青年教师学位情况

项目	选项	样本数/人	占比/%
学位	学士	100	20
	硕士	240	48
	博士及以上	160	32

表 4-3　吉林省地方高校青年教师学位-年龄关系

学位	年龄	样本数/人	占比/%	总样本数/人
学士	20~30 岁	45	45	100
	31~40 岁	55	55	
硕士	20~30 岁	85	35	240
	31~40 岁	155	65	
博士及以上	20~30 岁	5	3	160
	31~40 岁	155	97	

(二)教龄

吉林省地方高校青年教师的教龄情况统计见表 4-4。教龄在 5 年以内(不含 5 年)的青年教师有 180 人,占比 36%;教龄在 5~10 年(不含 10 年)的青年教师有 120 人,占比 24%;教龄在 10 年及以上的青年教师有 200 人,占比 40%。数据表明,教龄在 10 年及以上的青年教师占比最高,教龄在 5 年以内(不含 5 年)的青年教师占比次之,而教龄在 5~10 年(不含 10 年)的教师占比最低。

表 4-4　吉林省地方高校青年教师教龄情况

项目	选项	样本数/人	占比/%
教龄	5 年以内(不含 5 年)	180	36
	5~10 年(不含 10 年)	120	24
	10 年及以上	200	40

三、职称与高校层次状况

(一)职称

吉林省地方高校青年教师的职称情况统计见表 4-5。其中,讲师 360 人,占比 72%;副教授100人,占比20%;教授40人,占比8%。职称评聘是高校青年教师职业发展的途径,也是实现自我价值的一种方式。但是在一些高校的评聘考核中,职称评聘的标准时有变动,且评聘条件严格,对不同学科的教师评聘条件没有根据学科特点进行调整,这导致青年教师职称评聘的压力很大,因此青年教师中教授的占比最低,只有8%。

表4-5　吉林省地方高校青年教师职称情况

项目	选项	样本数/人	占比/%
职称	讲师	360	72%
	副教授	100	20%
	教授	40	8%

如表4-6所示,在拥有学士学位的青年教师中,有95位教师的职称为讲师,占比95%;有5位教师的职称为副教授,占比5%;职称为教授的教师人数为0。在拥有硕士学位的青年教师中,有200位教师的职称为讲师,占比83%;有35位教师的职称为副教授,占比15%;有5位教师的职称为教授,占比2%。在拥有博士学位的青年教师中,有65位教师的职称为讲师,占比41%;有60位教师的职称为副教授,占比38%;有35位教师的职称为教授,占比21%。综上所述,教授在学士、硕士和博士中的占比分别为0、2%和21%,排序为博士>硕士>学士。由此可见,学历对职称评定的影响不容小觑。

表4-6　吉林省地方高校青年教师学位-职称关系

学位	职称	样本数/人	占比/%	总样本数/人
学士	讲师	95	95	
	副教授	5	5	100
	教授	0	0	
硕士	讲师	200	83	
	副教授	35	15	240
	教授	5	2	
博士	讲师	65	41	
	副教授	60	38	160
	教授	35	21	

如表4-7所示,在360位讲师中,年龄在20~30岁的有135人,占比38%;年龄在31~40岁的有225人,占比62%。100位副教授中,年龄在20~30岁的有0人,占比为0;年龄在31~40岁的有100人,占比100%。40位教授中,年龄在20~30岁的有0人,占比为0;年龄在31~40岁的有40人,占比100%。其中,年龄在20~30岁的青年教师在副教授和教授中占比都是0,这说明教师的职称评定之路并非那么简单,因为受科研成果的影响,职称评定十分受限,因此青年高校教师在20~30岁评上教授或副教授的比例非常小,在

此次调查中占比为0。

表4-7 吉林省地方高校青年教师职称-年龄关系

职称	年龄	样本数/人	占比/%	总样本数/人
讲师	20~30 岁	135	38	360
	31~40 岁	225	62	
副教授	20~30 岁	0	0	100
	31~40 岁	100	100	
教授	20~30 岁	0	0	40
	31~40 岁	40	100	

（二）高校层次

吉林省地方高校青年教师的高校层次情况统计见表4-8。在本科院校任教的青年教师有440人，占比88%；在专科院校任教的教师有60人，占比12%。这一占比与吉林省本专科院校数量有一定关系。

表4-8 吉林省地方高校青年教师的高校层次情况

项目	选项	样本数/人	占比/%
高校层次	本科院校	440	88
	大专院校	60	12

如表4-9所示，对比最明显的是本科和专科学校中拥有博士学位的青年教师占所有青年教师的比例，拥有博士学位的青年教师在本科院校占比36%，而在专科院校中拥有博士学位的青年教师占比为0，说明在竞争工作岗位时拥有更高的学历是很重要的一项标准。

表4-9 地方高校青年教师学位-高校层次关系

高校层次	学位	样本数/人	占比/%	总本样数/人
本科	学士	75	17	440
	硕士	205	47	
	博士	160	36	
专科	学士	25	42	60
	硕士	35	58	
	博士	0	0	

四、学科状况与所在高校类别

(一)从教学科类别

吉林省地方高校青年教师的学科类别情况统计见表4-10。其中,文科有370人,占比74%;理科有70人,占比14%;工科有60人,占比12%。目前,一些高校在科研任务、职称评定时不区分文理科,而是采用统一标准要求不同学科,这对在核心期刊发表文章难度较高的学科教师来说是非常不公平的。

表4-10　吉林省地方高校青年教师从教学科类别情况

项目	选项	样本数/人	占比/%
从教学科类别	文科	370	74
	理科	70	14
	工科	60	12

(二)所在高校类别

吉林省地方高校青年教师所属高校类别情况统计如表4-11所示。其中,综合类高校有245人,占比49%;财经类高校有25人,占比5%;理工类高校有135人,占比27%;师范类高校有95人,占比19%。

表4-11　吉林省地方高校青年教师所在高校类别情况

项目	选项	样本数/人	占比/%
所在高校类别	综合类	245	49
	财经类	25	5
	理工类	135	27
	师范类	95	19

综上所述,对于我国高校青年教师来说,他们面临着更为繁重的压力:在经济上,他们多数处于高校工资结构体系的底层;在职位上,他们要完成大量的教学、科研任务;在发展上,他们面临着继续深造、提升自我的压力;在组织上,他们受制于各种烦琐、僵化、不健全的行政管理规则。这些错综复杂的压力因素综合在一起,构成了高校青年教师的职业压力"图谱"。压力是高校青年教师职业中不可回避的一个方面,在某些情况下,它会给青年教师带来严重的健康风险,同时压力过大的青年教师不仅无法提升自身的科研水平、培养出素质均衡全面的学生,甚至会影响国家的社会经济体系发展。

第二节 职业压力的状况

随着高校间日益激烈的竞争与国家高校综合改革的深入,从聘任制度、考评制度等高校人事制度改革,到教学、科研任务的双高要求,以及入职学历学位层次的提高和职称的晋升等,给高校青年教师的工作学习与生活带来巨大压力。

高校青年教师不仅处于事业的举步维艰期,还面临着结婚生子的特殊年龄阶段所带来的诸多问题,工作压力与生活压力交织。高校教师作为一个特殊的职业,在国家建设、社会发展和知识创新上担负了重要责任。因此,国家、社会、学校、家庭都对高校青年教师抱有较高的期待,高校青年教师是我国高等教育事业发展的基石,他们的职业道德素养水平将直接影响到高等教育发展的总质量。国内外大量研究表明,目前大部分高校青年教师都有一定程度的压力,那些从事帮助他人的职业的人有显著的高水平压力,而最具潜在压力的职业之一就是教师。

一、职业压力的总体状况

近几年,吉林省地方高校从压力与业绩关系中激励理论的研究角度出发,通过对高校青年教师施加一定的职业压力从而激发他们提高业绩水平,起到催化剂和推动力的作用,让青年教师用动力代替压力,同时也要注重在教学能力、科研能力以及职称等方面的不断提升。青年教师对压力的合理控制是非常有必要的,适宜的压力可以产生积极的效应,但过度的压力会严重影响教师的身体健康和心理健康。但各高校为了扩大竞争优势,内部开始采取各种办法超负荷地激发教师的潜能,而青年教师为了工作不得不疲于奔命,工作压力日益增加。

本书对吉林省地方高校青年教师压力现状的问卷调查和数据研究中,正式问卷共收回500个样本,本书从职业规划、工作负荷、职称评聘、人际关系、生活保障5个维度对青年教师的职业压力进行深度探究,采用 SPSS 软件,运用描述性统计分析对高校青年教师的职业压力现状做出相关描述,其中1代表"没有压力",5代表"巨大压力",1至5压力呈增加的趋势,标准差越小,测量系统越稳定,结果越准确,越具有普遍性。

在问正式卷中,本书设置了"总体压力感"这一问题,在进行压力5个维度的分析之前,首先分析了吉林省地方高校青年教师的总体压力感情况,由总体压力感题项 A22 的描述性统计分析可知(表4-12和图4-13),吉林省地方高校青年教师总体压力感均值为3.54,标准差为1.16,认为"没有压力"的人占4%,所占比例最少;认为"较小压力"的人占13%;认为"一般压力"的人占28%;认为"较大压力"的人占35%;认为"巨大压力"的人占20%。所以总的来说,有83%的青年教师认为有一般压力感甚至压力感强烈,仅有17%的青年教师认为压力感较少或没有。

表 4-12　总体压力感的描述统计

项目	个案数	最小值	最大值	均值	标准差
总体压力	500	1	5	3.54	1.16
有效个案数	500	500	500	500	500

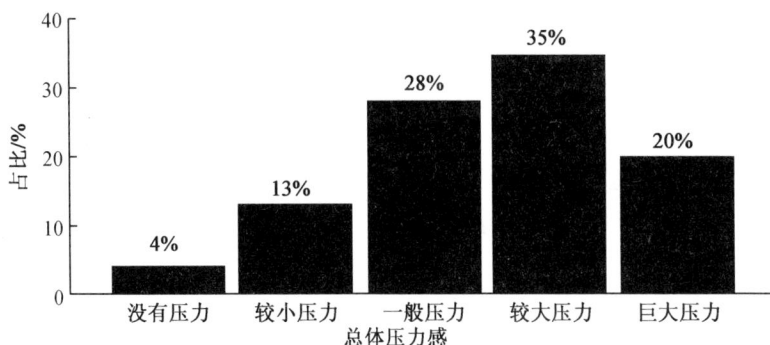

图 4-13　总体压力感分布情况

二、组织管理的压力

高校中存在阻碍青年教师职业发展的绊脚石,如行政化活动限制了青年教师的行动,各种形式检查降低了青年教师的工作热情,频繁修改政策的行为使青年教师产生了消极态度。

当前的高校管理模式存在以下几种问题:管理组织行政工作效率低下、行政程序复杂冗长、行政职员官本位思想根深蒂固、行政事务繁重、组织管理过度导致自由受限、传播渠道单一化、对青年教师的人文关怀欠缺等。各大高校中学院事务多而杂乱,大小会议应接不暇,表格重复填报,管理体系不完善,使得青年教师严重缺乏学术研究精力。一直以来,学校在组织管理过程中过于形式化,缺乏对教师的人文关怀,虽然学校是教育教研的阵地,但团结一致的教师队伍更有利于学术探究与学校的发展,对教师予以真挚的关爱是很有必要的。大多数高校中的青年教师由于刚入职,阅历少、工作任务繁杂,很难有机会参与到学校的事务管理中,从而无法自由地表达个人的想法。学校的工作环境、人文环境取决于学校的管理体制,由于教师的工作属于高强度的脑力劳动,所以一个轻松、舒适的工作环境,能帮助高校教师发散思维,在学术研究领域中获得更多的成绩。相反,超负荷的任务量、冷漠的工作环境则会增加高校教师的身体负担和心理负担,还会直接影响高校教师的工作积极性、学术创新性,消耗个人的时间和精力。

在我国,高等院校是教育类社会服务组织,属事业单位。很多人将事业单位称为“铁饭碗”,其工作的稳定性,优越的福利待遇以及社会地位强烈地吸引着当代的青年人。最初在高校设立“预聘制”主要是为了激励教师,提高青年教师的工作积极性,这一机制要求青年教师在教学和科研上经过六年考核,如果六年后教师的各项考核都过关,才可以继续工作在这一岗位上。良性的竞争有利于挖掘更多的人才,且实现人才的自我成就,使其树立正确的就业观,凭借自己的努力竞争得到职位,获得比“非预聘制”人员更好的工作福利和更优质的学术环境。然而,受利益的驱使,竞争者都会站在自己的立场上谋取利益,如果竞争机制出现偏差,导致竞争市场存在你走我留的残酷局面,那么职业竞争压力在大大提升的同时也会降低就业者的安全感,这种竞争关系被称为恶性竞争。在恶性竞争中,求职者会将竞争者视为敌人。社会的各行各业都面临着不同程度的竞争和多样化的考核方式,这些也是高校青年教师需要接受的考验。

在正式调查问卷中,组织管理因子包括 6 个项目,分别是 A21"承担本职工作之外的任务让您感到"、A19"频繁的教学检查让您感到"、A16"规章制度的频繁变更让您感到"、A18"组织较低的办事效率让您感到"、A14"职称评审制度的信息不透明让您感到"、A9"工作岗位竞争激烈让您感到"。如表 4-14 和表 4-15 所示,6 个问题的均值为 3.61,相对于最大值 5 来说,整体压力情况处于中等水平,项目 A14、A16、A19 的均值相对比较大,说明"职称评审制度的信息不透明""规章制度的频繁变更""频繁的教学检查"是教师在组织管理中压力较大的三种因素。尤其是组织的规章制度频繁变更使得青年教师压力巨大,刚入职的青年教师一边要熟悉工作环境,使自己尽快进入工作状态,一边又要花大量时间备课,应对学校院系的层层检查听课,同时还要进行自己的科研工作。在这种情况下,组织的规章制度频繁变动会占用青年教师的时间,消耗他们的精力,长此以往,青年教师的精神压力与日俱增,甚至可能影响教学、科研进程。

表 4-14　组织管理因子产生的压力描述统计

项目	最小值	最大值	均值	标准差
A21	1	5	3.53	1.24
A18	1	5	3.61	1.22
A19	1	5	3.64	1.22
A16	1	5	3.78	1.13
A14	1	5	3.73	1.20
A9	1	5	3.41	1.08
总体均值	—	—	3.61	1.18
组间比较	—	A16 > A14 > A19 > A18 > A21 > A9		

表 4-15　组织管理量表选项比例分布

测试题目	1		2		3		4		5	
	频率	占比/%	频率	占比/%	频率	占比/%	频率	占比/%	频率	占比/%
A21	8	8	11	11	30	30	22	22	29	29
A18	6	6	12	12	29	29	21	21	32	32
A19	6	6	9	9	35	35	15	15	35	35
A16	4	4	8	8	29	29	24	24	35	35
A14	8	8	5	5	25	25	30	30	32	32
A9	6	6	11	11	36	36	30	30	17	17

由表 4－15 可以看到,所有题目中,多数选项集中在 3、4 和 5 上,说明组织管理给青年教师带来的压力水平在中上等范畴。所以这说明虽然目前高校组织管理可能存在诸多问题,但是高校青年教师的适应能力、承受能力较强,并未在组织管理问题上受到过多的压力。

三、工作负担的压力

在最近几年的时间里,社会飞速发展,社会对各行各业的潜在要求逐渐提高,每个行业的淘汰率也日渐上升,这就要求行业的与时俱进和不断创新,行业的压力直接附加在员工身上,超负荷的工作让加班成为员工的家常便饭,加班也一度成为近几年的社会热点话题。完成超负荷的工作是员工工作的潜在要求,根据社会调查显示,超负荷的工作是员工工作压力的主要来源。从医学的角度分析,加班的压力会引起教师出现一系列的疾病,如心律不齐、内分泌失调、失眠、血压升高、精神状态恍惚等,使其身体处于亚健康状态,还会引起免疫力下降、工作积极性降低、工作效率下降等连锁反应。有关调查表明,在"十大健康透支最严重的行业"中教育行业位列第三,亚健康在教师群体中为常态。

随着我国综合国力的提升,国内高校在教师的专业素养、学校的综合实力等方面出现"内卷"。高校将这些压力不断地施加在教师身上,虽然适当的压力有利于促进教育教学的发展,提高教师的工作积极性,但是过度的压力会产生负面效应,不利于学校的长期发展。目前,高校青年教师的压力来源不仅包括繁重的教学任务,还包括课堂教学、试卷的制定和批阅、监考等工作。近几年,我国全面推行素质教育,在教学理念、教学质量、教学水平、教学方法和教学手段等方面都提出了更严格的要求,例如学生选课、各级听评课、教学质量监控,这些都在不同程度上要求教师在教学上更加严谨。青年教师们需要在有限的时间内,既保证教学质量,又要按时完成教学任务。青年教师一般都是从学校毕业直接进入到工作岗位的,大多数缺少教育教学经验,在工作时需要使用大部分的时间去备课,使得科研时间不足,而科研又是教师职称评定的重要因素,相反,如果花费大量时间和精力在科研上,就没有时间备课,这样直接导致教学质量下降。

长期的繁重任务使得高校青年教师的生活作息不规律,大部分的青年教师都无法按时吃饭、睡觉,休闲娱乐和锻炼的时间更是少之又少。超长时间、高强度的工作不仅考验青年教师的工作能力,也是对青年教师身心健康的一种挑战,不仅会使他们觉得体力不支,精神恍惚,甚至会产生疲乏感,更加大了其在科研中取得突破创新的难度,从而产生了更大的压力。综合以上原因,越来越多的青年教师会选择用休息时间来完成备课及科研任务,使休息时间变成了工作时间。久而久之,频繁加班又缺少适当的休闲和锻炼,使大多数的高校青年教师身心都处于"亚健康"状态。

在正式调查问卷中,工作负担因子包括 6 个项目,分别是 A1"工作时间长让您感到"、A2"工作强度大让您感到"、A3"科研任务重让您感到"、A4"教学任务重让您感到"、A6"教学与科研的平衡难度让您感到"、A5"专业知识的更新速度让您感到"。其中,A1 和 A2 表现了教师工作时间和强度两个方面带来的压力,A4 表现了教学工作带来的压力,A3、A5 表现了科研任务带来的压力,A6 则反映出当前吉林省地方高校青年教师最主要的压力来源,即如何平衡教学与科研。

如表4-16和表4-17所示,工作负担压力均值为3.40,属于中等偏上的水平。其中,问题A4"教学任务重让您感到"的得分最低,为3.16,说明吉林省地方高校青年教师在教学任务上没有太大的压力,但是A3"科研任务重让您感"的得分最高,达到了3.82,说明吉林省地方高校青年教师认为科研任务重是导致工作负担压力的重要原因之一。

表4-16 工作负担因子产生的压力描述统计

项目	最小值	最大值	均值	标准差
A1	1	5	3.26	1.16
A2	1	5	3.40	1.18
A3	1	5	3.82	1.25
A4	1	5	3.16	1.16
A5	1	5	3.20	1.10
A6	1	5	3.52	1.14
总体均值	—	—	3.40	1.16
组间比较	—	A3 > A6 > A2 > A1 > A5 > A4		

表4-17 工作负担量表选项比例分布

测试题目	1		2		3		4		5	
	频率	占比/%	频率	占比/%	频率	占比/%	频率	占比/%	频率	百分比/%
A1	60	12	50	10	170	34	140	28	80	16
A2	45	9	55	11	155	31	145	29	100	20
A3	45	9	25	5	100	20	135	27	195	39
A4	50	10	75	15	195	39	105	21	75	15
A5	35	7	85	17	195	39	115	23	70	14
A6	35	7	35	7	185	37	125	25	120	24

通过各题项的频率分布和所占比例可知,选项主要集中在3、4和5,说明吉林省地方高校青年教师认为工作负担压力至少在"一般压力"的范畴。从工作负担数据整体分析可以看出,当前吉林省地方高校青年教师在工作负担方面的压力比较大,但并非所有方面都让青年教师感到压力大,仅有36%的青年教师认为教学任务压力较大或非常大,然而有超过一半即66%的青年教师认为科研任务带来的压力巨大或较大,因此工作负担压力主要集中在科研上。

四、职称评审的压力

伴随高等教育教学改革的发展,高级职称的福利待遇促使高校青年教师更加努力地工作。大多数青年教师由于从学校毕业直接进入工作岗位,职称较低,所以都迫切地希望尽早提高自己的职称,获得学校领导的认可。但是,目前的高等教育教学改革实行定岗定编,职称决定着青年教师的工资和福利待遇,又因每个高校的职称都是定额制,名额极度紧张,这就加大了青年教师在职称评定中的竞争强度。

为了适应当代教育体制改革,调动青年教师的工作积极性,提高青年教师的工作效率,加强学校的综合竞争力,越来越多的国内高校采取加强考核制度的方式,将压力下落到青年教师的身上,要求青年教师在规定时间内保质、保量地完成教育教学任务,并且在职称名额有限的情况下,评选条件也越来越严苛,要求也随之增多。在很多高校青年教师眼中,工作压力主要来自职称评聘和科研任务——除每年要完成定量课时的教学任务外,还要遵守学校很多的规定:申报职称要求发表一定数量、一定级别的学术论文或著作,并承担相应档次的科研课题。评定的职称越高,要求的科研成果也就越多,比如想要评教授职称,一般都需要在核心期刊发表文章、申报省部级课题等。有的高校甚至将这项规定列入了每年的常规工作考核项目中,并作为考核的核心要点,直接与教师的收入甚至岗位稳定性挂钩。

目前,各大高校的一系列考核目标都要求高校教师发表论文,从某种程度上看,发表论文成了各高校的"政绩工程"。这些指标的要求都使高校教师一直处于长期紧张的工作状态中,他们在实验室彻夜不眠地做实验,在电脑前不断地进行数据分析,对脑力造成了极高的消耗。然而,对于青年教师来说,想要评定职称不只要完成正常的教学任务,还要按照学校要求撰写发表论文、参与编写教材、进行相关课题研究,但是受到学校职称名额的限制,高校内部职称评定的竞争环境十分激烈,这让原本和睦的同事关系变得生疏、复杂、谨慎。除此之外,各个高校对教学人员、科研人员、教辅类教师、行政管理类教师还有着不同的要求,使得青年教师在工作方面的压力变得很大。

在此次调查问卷中,职称评审因子包括 4 个项目,分别是 A15"'唯科研论'的大环境让您感到"、A12"职称评审要求的增长趋势让您感到"、A13"职称评审政策的频繁改动让您感到"、A17"教师考核系统的不完善让您感到"。

如表 4-18 和表 4-19 所示,4 个项目的分数平均值为 3.72,是所有压力里均值最高的一项,相较于最大值 5,总体水平属于偏高,这就表示职称评审带来的压力对于青年教师来说是比较大的。

表 4-18 职称评审因子产生的压力描述统计

项目	最小值	最大值	均值	标准差
A12	1	5	3.95	1.11
A13	1	5	3.85	1.13
A17	1	5	3.73	1.20
A15	1	5	3.33	1.32
总体均值	—		3.72	1.19
组间比较	—		A12 > A13 > A17 > A15	

表 4 – 19　职称评审量表选项比例分布

测试题目	1		2		3		4		5	
	频率	占比/%	频率	占比/%	频率	占比/%	频率	占比/%	频率	占比/%
A12	15	3	45	9	95	19	140	28	205	41
A13	25	5	35	7	105	21	160	32	175	35
A17	40	8	25	5	125	25	150	30	160	32
A15	60	12	60	12	170	34	75	15	135	27

其中,问题 A12"职称评审要求的增长让您感到"这一问题的均值最高,说明青年教师认为职称评审的要求增长带来的压力最大;均值第二高的是 A13"职称评审政策的频繁改动让您感到"这一问题,值为 3.85。4 个问题的整体标准差低,说明职称评审带来的压力有稳定性。通过选项比例的分析来看,选择 1"没有压力"和 2"较少压力"的青年教师较少,说明青年教师在职称评审方面普遍存在压力。

五、职业发展的压力

近几年来,吉林省地方高校发展迅速,青年教师想要在职业道路上有更好的发展,一方面,在教学工作上需要在自己的专业领域深造,提升自身能力和知识水平,继续学习专业领域相关的前沿知识与研究方法,将前沿的知识传授给学生;另一方面,在科研工作上青年教师需要不断创新、进步,汲取新知识、新方法,只有申请到优质的课题和项目,才能使自己在职业晋升的道路上更有优势。

根据资源守恒理论,个体投入资源却未能获得预期回报就会产生压力。而科研并不是付出就一定会有同等收获的创新活动,因为在科研工作中,有太多的不确定性,当青年教师投入大量的时间和精力,但是并没有收到自己想要的研究成果时,便很容易导致他们产生挫败感,进而产生连锁反应,影响工作、生活,同时也可能对自己未来的职业发展失去以往的信心,认为自己前途渺茫,甚至一些拥有博士学位的青年教师会认为自己前期的投入太多,在工作中却一直怀才不遇,感受不到自己的人生价值。长此以往,会降低青年教师的工作积极性,若没有及时发现并疏导不仅影响青年教师的未来发展,还会影响学校的成长与发展。

我国进入新时代以来,大多数行业知识信息呈爆炸式发展,知识的生命周期也相应缩短,无论是哪个行业,知识都以我们难以想象的速度更新迭代,获取知识的渠道也日益增多。高校青年教师如果想要确保在自己专业领域中不被淘汰,就要使自己的知识与时代保持同步发展,在取得了硕士甚至博士学位之后也不能停止学习,仍然需要不停地接受继续教育,"活到老学到老",学无止境,养成主动积极的、不断探索的、自我更新的、学以致用的和优化知识的良好习惯。

为了推动落实现代教育理念,深入开展教育教学改革,目前高校青年教师已经成为高等教育事业的主力军,高校教师队伍的平均年龄逐渐降低,逐渐呈年轻化,而目前高校教师队伍可谓是"高手云集",刚进入职场的青年教师想在高校中获得更好的职业发展,需要做好教学和科研两个方面的工作。相比高校中经验丰富的老教师而言,青年教师在科研工作中承受着更大压力,因为初入职场,不论是在教学还是在科研上,都需要不断探索、不断学习。科研并不是容易的事,付出和收获不一定成正比,这就要求在知识经济时代的今天,青年教师要拿出高度的热情、十足的干劲,深入研究自己专业领域的新知识,不断创新,提高自己的科研实力。在高校中想要获得更好的职业发展,科研实力是首要的核心竞争指标,高校青年教师处在学术竞争的中心区域,不论是在教师的聘任上,还是在职称晋升上,这一指标都是十分重要的。

提到科研,相比高校老教师,青年教师资质较低,能力也有待提高,对制度了解得还不够透彻,入职时间短人脉不广等,许多原因交杂在一起导致大多数青年教师在申请项目、课题、发表高水平学术论文时感到寸步难行,不仅是在科研项目申请上难度大,在项目中检、结项时往往也是困难重重。目前在我国科研资源的分配上,由于青年教师一般都缺少经验、能力不足,通常情况下是很难申请到重大科研项目的。即便在申请环节顺利通过了,在接下来的工作中,进展也不会十分顺利,具体的研究过程往往会受到教师本人能力、时间和精力、资金等因素的影响。在项目顺利申请之后,教师就面临长时间的科研工作,但会受到烦琐的行政事务、教学任务的影响,时间和精力很难在科研、教学、行政事务上得到很好的分配,产生科研项目进展缓慢、结项困难等问题,因此出现焦虑、失眠等症状,这使得青年教师产生挫败感,丧失奋斗动力,从而影响未来的职业发展。

随着近几年高等教育的转型发展,为了提高学校的知名度和影响力,吉林省地方高校在以各种方式不断吸纳高层次人才,与此同时却忽略了象牙塔底层的支撑型教师的发展,高校并没有在科研上给这些教师足够的资金支持。高校在教师招聘环节上也严格把关,新入职的青年教师大部分都是博士学位,少部分是硕士学位,这给学校已有的青年教师带来很大压力。竞争压力的变大也使得这些青年教师心理压力增大,虽然他们深知自己与新入职的青年教师并不在同一起跑线,但是不得不在统一制度下开展竞争。青年教师想要占有优势就必须在教学和科研两方面多下功夫,提升自己的能力,努力推进自己的科研进度,争取尽快取得更多的科研成果。

在此次调查问卷中,职业发展因素包括 3 个项目,分别是 A7"缺乏继续学习、进修的机会让您感到"、A8"工作与进修的冲突让您感到"、A10"领导较少的重视与肯定让您感到",这 3 个项目均能反映出吉林省地方高校青年教师在职业发展过程中可能遭受的压力。

如表 4 - 20 和 4 - 21 所示,各项目整体均值为 3.58,但是各个项目的均值相差较多,很不稳定,整体压力中等偏高。在此类选题中,大多数教师的选项集于 3、4、5,说明大多数吉林省地方高校青年教师在职业发展问题上存在中等以上压力。

表 4 - 20　职业发展因子产生的压力描述统计

项目	最小值	最大值	均值	标准差
A7	1	5	3.57	1.19
A8	1	5	3.40	1.12
A10	1	5	3.78	1.13
总体均值	—	—	3.58	1.15
组间比较	—	A10 > A7 > A8		

表4-21 职业发展量表选项比例分布

测试题目	1		2		3		4		5	
	频率	占比/%	频率	占比/%	频率	占比/%	频率	占比/%	频率	占比/%
A7	40	8	20	4	205	41	85	17	150	30
A8	30	6	55	11	205	41	105	21	105	21
A10	20	4	40	8	145	29	120	24	175	35

其中,A10"领导较少的重视与肯定让您感到"的均值相对较高,为3.78;均值第二的是A7"缺乏继续学习、进修的机会让您感到",值为3.57。在表4-2也可以看出最高学历为硕士毕业的青年教师占比接近半数,这部分青年教师在学历上还有进步空间,但是由于工作中的种种因素导致继续学习、进修的机会变得十分难得,这说明在吉林省地方高校青年教师职业发展的压力因素里,继续学习进修、提升自己的机会较少带来的压力较高。

均值最小的问题是A8"工作与进修的冲突让您感到",值为3.40,虽然在3个项目上均值排名最小,但是3.40相比于最大值5来说也属于中上等程度。这说明吉林省地方高校青年教师在工作与进修冲突的问题上普遍存在困难。

六、人际关系的压力

人际关系属于社交的一种,根据马斯洛需求理论,社交需要位于第三层,人是群居动物,需要在一个团队中,在身边人的关怀下才能感受到归属感和爱,才能感受到自己的人生价值,如果高校青年教师的社交需求没有被满足,就会产生心理压力。青年教师由于入职时间较短,对自己新的社会角色与新的工作环境还没有完全适应,因此在与身边人交往的过程中难免会遇到困难,这常常会使得青年教师产生心理压力,难以全身心投入教学与科研工作。

随着近几年我国高校的转型发展,各大高校为了提高在全国高校中的排名,在教师队伍中不断强化竞争机制。虽然竞争机制可以激励青年教师在科研上更快出成果,但过度就会形成恶性竞争,导致青年教师之间因为一些个人的利益冲突而影响人际关系。因此,在人际关系维度上,有很多原因导致当前高校青年教师存在压力。

在高校中,青年教师需要处理的人际关系分为三种,一是与领导沟通,二是与同事交往,三是教育和管理学生。为此,高校青年教师需要努力融入其中,让自己与领导、同事、学生都能愉快、和谐相处,避免产生排斥感,让自己产生压力。

首先,在青年教师与领导的关系上,从青年教师角度来说,影响教师与领导关系和谐的常见因素主要有:由于教师不同的个性,在日常工作中时常会对上级领导工作不理解、不支持,甚至是不尊重、不服从等,这会严重影响教师与领导之间的关系,也会影响领导工作的开展。从领导角度来说,如果不能做到公事公办、尊重教师的人格和自尊心,那么不仅会降低青年教师的工作积极性,也会影响领导的个人信誉与威严,甚至有损高校的形象。因此,在高校领导与青年教师人际关系发生危机时,不仅影响青年教师的日常工作,使他们心理压力增大,也影响学校的未来发展。

其次,在青年教师与学生的关系上,由于现在的学生接受信息的渠道多,且大多数有自己的个性,虽然他们都已经成年,但是在思想上还不够成熟,而又喜欢遇事有自己的见解,很多时候不会一味地将老师所讲授的内容视为权威,使得许多青年教师投入大量时间和精力却未能收获学生的认可与接纳。虽然青年教师在课上、课下都竭尽所能地与学生耐心交流,帮学生解决生活上、情感上的各种问题,但并不是每个学生都能够明白老师的良苦用心,甚至会觉得老师的关心是一种束缚,这使得青年教师找不到自己的价值所在。

根据调查数据显示,吉林省高校青年教师大部分是"70 后""80 后",还有一部分是"90后",这一部分群体基本都是独生子女,而且大部分青年教师刚毕业就直接到高校任教,并没有太多社会经验,与同事在工作中合作、沟通时难免会遇到各种各样的问题,甚至会因为意见不合而意气用事,时间久了不可避免地会与领导、同事产生隔阂,或与学生关系疏远等。因此,在这种情况发生后,如果青年教师再想要取得领导的认可与肯定,想要与同事和好如初,在课堂上和学生愉快互动并非易事,这会给青年教师带来很大压力,影响日常工作和生活。此外,一旦人际关系出现问题,就会直接影响到青年教师的个人情绪,甚至部分教师喜欢钻牛角尖,如果问题没有得到及时的关注和解决,导致情绪不断扩大,延伸到工作和教学当中就会影响到高校和学生们的未来发展。

在此次调查问卷中,人际关系因子包括 2 个项目,分别是 A20"媒体对某些高校教师的报道让您感到"、A11"教育和管理学生比较困难让您感到"。

如表 4-22 和 4-23 所示,这一因子下的 4 个项目压力均值为 3.33(以下题目均值是采用 SPSS 计算所得,计算方式为加权均值。总体均值是题目均值求和除以题目数量所得),属于中等程度压力,说明吉林省地方高校青年教师在人际关系冲突方面压力并不突出。

表 4-22　人际关系因子产生的压力描述统计

项目	最小值	最大值	均值	标准差
A11	1	5	2.96	1.16
A20	1	5	3.20	1.21
总体均值	—	—	3.42	1.22
组间比较	—	A11 > A20		

表 4-23　人际关系量表选项比例分布

测试题目	1		2		3		4		5	
	频率	占比/%	频率	占比/%	频率	占比/%	频率	占比/%	频率	占比/%
A11	30	6	60	12	145	29	105	21	160	32
A20	50	8	85	17	165	33	115	23	85	17

其中,得分最高的问题是 A11"教育和管理学生比较困难让您感到",均值为 3.30,说明高校青年教师在人际关系里,最大的压力来自教育和管理学生比较困难。由表 4-23 可知,A20"媒体对某些高校青年教师的负面报道让您感到"这一问题选项分布相对均匀,并且其均值与"教育和管理学生比较困难让您感到"这一问题的均值相当。

通过以上分析,根据量表中吉林省地方高校青年教师职业压力项目的描述性统计得出的均值可知,排名前五的项目分别是:A19"频繁的教学检查让您感到",均值为3.95;A20"媒体对某些高校教师的报道让您感到",均值为3.20;A3"科研任务重让您感到",均值为3.82;A16"规章制度的频繁变更让您感到",均值为3.78;A14"职称评审制度的信息不透明让您感到",均值为3.73。

第三节 职业压力的群体差异

本节通过比较不同群体的总体压力以及各个维度的职业压力均值大小的方式对吉林省地方高校青年教师职业压力现状进行差异性验证。分别从性别、年龄、学位、婚姻状况、教龄、职称、专业和高校层次八个角度去比较不同群体的职业压力在各个维度上的差异。

一、职业压力的性别和年龄差异

(一)性别差异

如表4-24所示,在总体压力感上,女性的总体压力感均值为3.63,男性的总体压力感均值为3.38,女性的总体压力感高于男性。

表4-24 职业压力源的性别差异均值对比情况

性别	组织管理	工作负担	职称评审	职业发展	人际关系	总体压力
男($N = 37$)	3.52	3.28	3.56	2.44	2.53	3.38
女($N = 63$)	3.67	3.46	3.70	2.64	2.33	3.63
组间比较	2 > 1	2 > 1	2 > 1	2 > 1	1 > 2	2 > 1

这一数据可能与我国传统社会观念的影响有关。我国传统观念认为已婚女性的重心应该在家庭而非事业上,理想的女性角色是"主内",更多的责任是相夫教子,而理想的男性角色是"主外",男性是一个家庭的顶梁柱,"上有老下有小",担负着养家的重任,更多时间都在外忙碌奔波,家里则需要女性去操持。所以大部分高校女青年教师在面对家庭和事业时,很难两全,且由于女性自身特点,家庭责任心比较重,因此大部分高校女青年教师都很难将全部精力投入到教学、科研工作当中。然而,当前吉林省地方高校对教师教学、科研的要求一直在提高,所以高校女青年教师的职业压力相对男教师会更重。

就人际关系维度来说,高校女青年教师的压力低于男青年教师。青年教师在高校中的人际关系有三种:一是与领导的上下级关系;二是与同事的同级关系;三是与学生的师生关系。男青年教师在这方面感到较大的压力,可能是因为女性比男性在与人交流时对于对方谈话中一些细枝末节的用词更加敏感,在处理人际关系方面更有优势。也就是说,社会往往会更加期待让女性负责调节生活、工作中的各种人际关系。因此,大家往往会认为女性比男性更关注交流中所暗示的关于亲密关系的潜在含义。相反,男性在一定程度上比女性更敏感字里行间关于地位的含义,这些强调人际关系和地位含义上的差异信息,往往会导致大部分女性期望自己与其他人的人际关系是建立在相互依赖和合作的基础上,女性会认为失去了依赖和合作的人际关系是不牢固的。相比男性,女性更喜欢让别人认为与其有相似的地方,并且在做决定时,也最大限度地想让彼此都满意、愉快。而男性在对待一段关系时,更看重的是独立和竞争两点原则,男性更喜欢强调自己和他人之间的差异而非相似之处,同时男性在做出决定时,更在意自己的需求与欲望能否实现,而不是认为让自己与他人都愉快接受是最好的决定。

女青年教师在谈话时,会经常考虑在场每个人的情绪,让氛围更融洽,使每个人都在谈话中感到愉快,常常使用建立、维持和加强关系的方式去与人交流;而男青年教师在谈话时,更擅长报告性谈话,通过提出问题、分析问题、解决问题的方式与他人交流,这样可能会让其他人感到不舒适,因为每个人立场不同,看问题的角度也不同,也极容易引发争执或引起其他人内心的不满,影响彼此的关系。因此,在人际关系维度上高校男青年教师比女青年教师的压力更大。

综上,从总体压力感来看,女青年教师压力大于男青年教师;在组织管理维度上,女青年教师压力大于男青年教师;在工作负担维度上,女青年教师压力大于男青年教师;在职称评审维度上,女青年教师压力大于男青年教师;在职业发展维度上,女青年教师压力大于男青年教师;在人际关系维度上,男青年教师压力大于女青年教师。

(二)年龄差异

如表4-25所示,在总体压力感上,年龄在31~40岁的青年教师压力最大,总体压力均值为3.53;年龄在20~30岁的青年教师总体压力均值为3.11。

表4-25 职业压力源的年龄差异均值对比情况

年龄	组织管理	工作负担	职称评审	职业发展	人际关系	总体压力
20~30岁($N=135$)	3.27	2.87	3.17	3.19	2.91	3.11
31~40岁($N=365$)	3.72	3.59	3.84	3.51	3.29	3.53
组间比较	2>1	2>1	2>1	2>1	2>1	2>1

出现这一现象的原因可能是20~30岁的青年教师刚刚步入工作岗位,还处在一个工作适应期,在工作中领导也不会委派太难完成的任务,教学上也还处于摸索阶段,主要是先适应工作环境,至于教学和科研任务一定都在可完成的范围内。另外,高校中的教师群体都是高素质人员,不会刻意去孤立刚入职的新同事,因此在人际关系上新入职的教师不会有太大压力。刚入职的青年教师也不需要面临职称评定的问题,所以与老教师之间不构成竞争关系,不会影响同事之间的友好相处。因此,在组织管理、工作负担、职称评审、职业发展、人际关系五个维度上20~30岁的青年教师均是压力最小的。

而31~40岁的青年教师,随着年龄的增长,上级委派的任务也越来越艰巨,还要面临结婚生子、养育子女、偿还住房贷款等各方面的压力。同时,这一部分群体都是经历了寒窗苦读数十载,在参加工作前,家里在其身上投入了大量的金钱、时间成本,但是工作后发现,在工作岗位上的付出与回报远远不成正比,这使他们感受不到自己人生的意义,最后还是需要自己接纳现实、妥协后继续在岗位上工作。这一年龄段除了来自家庭的压力外,还要面对在工作中的职业发展、职称评定等压力,只有付出足够精力投入科研、提高自己学术水平、拿到科研项目、取得更多优质的科研成果、培养更多优秀青年学生,才能在职称评定上占据优势。而对于高校男青年教师来说,这一年龄段的教师"上有老下有小",担负着养家糊口的重任,顺利地评上职称,会有更好的职业发展,还会获得足够的经济收入去抚养子女、赡养老人、维持家庭开销。

综上,从总体压力感和五个维度来看,年龄在31~40岁的青年教师压力都高于年龄在20~30岁的青年教师。

二、职业压力的学位和婚姻情况差异

(一)学位差异

如表4-26所示,在总体压力感上,博士学位的青年教师总体压力感均值为3.97;硕士学位的青年教师总体压力感均值为3.44;学士学位的青年教师总体压力感均值为3.10,三个群体的总体压力感排名为博士>硕士>学士。

表4-26 职业压力源的学位差异均值对比

学位	组织管理	工作负担	职称评审	职业发展	人际关系	总体压力
学士($N=100$)	3.23	3.03	4.01	3.05	3.12	3.10
硕士($N=240$)	3.53	3.20	3.66	3.37	3.10	3.44
博士($N=160$)	3.99	3.91	3.04	3.72	3.43	3.97
组间比较	3>2>1	3>2>1	1>2>3	3>2>1	3>1>2	3>2>1

博士学位的高校青年教师的总体压力高于学士学位和硕士学位的青年教师,这是因为整个学校甚至整个社会对博士学位的青年教师的期望值相对较高,使这一群体在高校中占据着举足轻重的地位,成为各大高校的主力军。作为高校教师,他们要承担着与其他教师一样的教学和科研任务,由于刚入职不久的博士学位青年教师拥有敏锐的学术思维和充足的干劲儿,在大多数高校中,往往还要求这一部分群体在学术上做带头人,带队引导其他教师一起推进科研任务,甚至有些博士学位的青年教师还需要肩负行政职务,负责院校的一系列学生管理工作。

综上,吉林省地方高校中博士学位的青年教师在学校扮演多重角色,并且身负重任,时间久了会使得他们身心俱疲,在工作中产生负面情绪,抵触教学和科研任务,不愿与他人交往,使得原本就不擅长维持人际关系的博士学位青年教师更加抵触与人沟通,长期以来易引发一系列身心健康问题。

博士学位的青年教师在职称评审方面的压力最小,这是因为各大高校在进行职称评审时最看重的两项就是教学与科研成果,而相比学士学位的青年教师,博士学位的青年教师在本科、硕士研究生、博士研究生在读期间积累了更多的学术经验,对于所讲授的专业知识掌握得更加全面和深入,哪怕在做科研时遇到各种各样的问题,对有经验的博士学位的青年教师来说,处理起来也更有针对性,而且在硕士论文和博士论文的完成过程中,以及曾在各大刊物上发表论文都为他们积累了丰富经验,这使得部分教师在入职后可以更加快速开始科研工作,也更易出成果。基于上述几点埋由,博士学位的青年教师在面对教学和科研时会更加游刃有余,相比学士学位和硕士学位的青年教师而言,职称评审压力也会小些。

从人际关系维度来说,压力大小排名为博士 > 学士 > 硕士。这是因为博士学位的青年教师大部分时间都在实验室或办公室潜心致力于学术研究,心无旁骛地进行科学实验,大部分时间和精力都用在了科研上,一心想要有更高的学术造诣。因此,相比于学士学位和硕士学位的青年教师而言,他们只投入很少一部分时间用于社交活动,所以在社交方面的技能不如学士学位和硕士学位的青年教师。长此以往,使得博士学位的青年教师无法有效应对社交活动中出现的各种问题,最终导致博士学位的青年教师在人际关系方面的压力感强于学士学位和硕士学位的青年教师。

如前所述,在高校中虽然大部分硕士学位的青年教师进入工作岗位并未太久,但有些已部分完成了职称或职务方面的提升,他们不像博士学位的青年教师那样志向远大而发展又受限,硕士学位的青年教师对现状的满意度相对较高,因此硕士学位的青年教师的压力较小。而学士学位的青年教师在刚入职时并不需要考虑太多职称评定问题,只需按部就班完成学校安排的教学与科研任务即可,压力较小。

综上,从总体压力感来说,压力最大的是博士学位的青年教师,其次是硕士学位的青年教师,压力最小的是学士学位的青年教师;在组织管理维度上,压力最大的是博士学位的青年教师,其次是硕士学位的青年教师,压力最小的是学士学位的青年教师;在工作负担维度上,压力最大的是博士学位的青年教师,其次是硕士学位的青年教师,压力最小的是学士学位的青年教师;在职称评审维度上,压力最大的是学士学位的青年教师,其次是硕士学位的青年教师,压力最小的是博士学位的青年教师;在职业发展维度上,压力最大的是博士学位的青年教师,其次是硕士学位的青年教师,压力最小的是学士学位的青年教师;在人际关系维度上,压力最大的是博士学位的青年教师,其次是学士学位的青年教师,压力最小的是硕士学位的青年教师。

(二)婚姻情况差异

如表 4-27 所示,在总体压力感上,已婚青年教师的压力感均值为 3.61,未婚青年教师的压力感均值为 3.33,可见已婚青年教师的压力感大于未婚青年教师的压力感。

表 4-27　职业压力源的婚姻情况差异均值对比情况

婚姻情况	组织管理	工作负担	职称评审	职业发展	人际关系	总体压力
已婚(N = 380)	3.69	3.56	3.78	3.50	3.23	3.61
未婚(N = 120)	3.39	2.88	3.24	3.17	3.14	3.33
组间比较	1 > 2	2 > 1	1 > 2	1 > 2	1 > 2	1 > 2

出现这一现象的原因是已婚的青年教师在工作中不仅要在工作岗位上完成自己的各项教

学和科研任务,保证科研教学质量,还要在生活上照顾家庭、抚养子女、赡养老人,解决一家人的经济来源问题。与未婚青年教师相比,已婚青年教师多了一份家庭的责任,因此如果学校的日常事务繁杂琐碎,难以处理的话,会耗费他们大量的时间和精力,从而使他们更加难以平衡自己的时间,所以已婚的青年教师的总体压力更大,在组织管理这一维度上的压力也更重。

就工作负担维度来说,未婚青年教师的压力大于已婚青年教师。相比于已婚青年教师,由于未婚青年教师大部分入职时间不久,还没有完全适应学校的工作进度,可能会投入费更多精力去应付遇到的各种工作难题,比如如何用更少的时间备课还能够保证自己的授课质量达标,以节省更多时间去做科研,推进自己的科研进度,由此来说,未婚青年教师在工作负担这一维度上压力较大。

就职称评审维度来说,未婚青年教师的压力小于已婚青年教师。已婚青年教师不仅需要赡养老人、抚养子女,还要保证自己的日常生活花销,因此在经济方面会比未婚青年教师面对更大的压力,而教学科研成果和职称有直接关系,职称又和收入挂钩,那么已婚青年教师的科研压力则更重一些,职称评定的压力也更大一些。因为供孩子上学是需要消耗很多精力和金钱的,而科研做得好,一方面能实现自己作为高校教师的人生价值,另一方面也能提高经济收入,带给家人更好的生活条件,但是养育子女又会占据大部分做科研的时间,因此已婚的青年教师,尤其是已经养育孩子的青年教师科研的压力更大,职称评审的压力也更大。

就人际关系维度来说,已婚青年教师的压力大于未婚青年教师。由于已婚青年教师已经有家庭,甚至部分已经有子女,下班后并没有太多的时间花费在与同事的交际上,而且已经结婚的青年教师年龄普遍高于未婚的,其父母年纪也更大,需要更多的时间陪伴,因此并不会有太多空闲时间用于人际交往,而相反,未婚的青年教师在工作之余有时间娱乐、休闲和聚会,因此未婚青年教师在与同事关系上不会有太大压力。

综上,从总体压力感来说,已婚青年教师压力大于未婚青年教师;在组织管理维度上,已婚青年教师压力大于未婚青年教师;在工作负担维度上,未婚青年教师压力大于已婚青年教师;在职称评审度上,已婚青年教师压力大于未婚青年教师;在人际关系维度上,已婚青年教师压力大于未婚青年教师。

三、职业压力的教龄和职称差异

(一)教龄差异

如表4-28所示,在总体压力感上,教龄在5年以内(不含5年)的青年教师压力感均值为3.33,教龄在5~10年(不含10年)的青年教师压力感均值为3.79,教龄在10年及以上的青年教师压力感均值为3.58。数据显示,总体压力感大小排名为5~10年(不含10年)>10年及以上>5年及以内(不含5年)。

表4－28　职业压力源的教龄差异均值对比情况

教龄	组织管理	工作负担	职称评审	职业发展	人际关系	总体压力
5 年以内(不含 5 年) ($N = 180$)	3.68	3.14	3.38	3.22	3.08	3.33
5 ~ 10 年(不含 10 年) ($N = 120$)	3.81	3.52	3.86	3.82	3.27	3.79
10 年及以上($N = 200$)	3.42	3.56	3.77	3.36	3.29	3.58
组间比较	2 > 1 > 3	3 > 2 > 1	2 > 3 > 1	2 > 3 > 1	3 > 2 > 1	2 > 3 > 1

从调研数据的交叉分析来看,已经工作 10 年及以上的老教师,大部分都是在本科毕业后就直接进入高校从教,他们远不及那些近几年毕业、新入职的硕士、博士学位的同事,不管是在教学上,还是在科研领域都是如此。首先,在教学方面,近几年刚毕业的青年教师在校学到了专业领域最前沿的知识,对专业领域内容也更加熟悉,教学游刃有余。其次,在科研方面,刚毕业的青年教师掌握了更多研究方法和技巧,懂得与时俱进,而且在思维上也更加敏锐,对科研创新点有敏锐的洞察力,更易出成果,因此在学校的各项评比上老教师往往不如新入职的青年教师有优势。然而,随着工作年限的增长,学校、社会也都以各种方式提示高校教师要提高科研水平,各大高校更是从量化考核、教师评价等多方面将学术科研成果作为各项评比、考核的主要切入点,这在无形中带给青年教师很大的心理负担。

从总体压力感来说,刚入职 5 年内(不含 5 年)无职称的青年教师,由于刚入职场对工作有较强烈的新鲜感与激情,在新的工作岗位上可以体验到很多乐趣;作为刚入职的新同事,领导也不会委派过多的教学和科研任务,会给他们一段适应与摸索时间,他们需要承担的工作量相对较少;并且刚接触科研工作,申报课题、科研成果也不足,所以职称评审等事宜也未被考虑在内,只需要按部就班完成教学任务与科研任务,因此在各方面还没有感受到太大的压力。

从组织管理维度来说,教龄在 10 年及以上的老教师压力最小,其次是教龄在 5 ~ 10 年(不含 10 年)的青年教师,压力最大的是教龄在 5 年以内(不含 5 年)的青年教师。教龄在 5 年以内(不含 5 年)的青年教师在这方面职业压力最大的原因是他们都是从学校毕业不久,刚刚步入工作岗位的新职工,与工作时间久的老教师相比,在思想上还不够成熟,见识也不够广,社会阅历还不足,非常容易受到其他人的影响,进而影响到自己的工作状态,长此以往会身心疲惫,很难像刚入职时以饱满的热情对待工作。因此,已经入职 5 ~ 10 年(不含 10 年)的青年教师,甚至教龄在 10 年及以上的老教师工作起来就顺手得多,对高校的管理制度也十分熟悉,这样就不容易在组织管理维度上产生压力。

从职称评审维度来说,教龄在 5 ~ 10 年(不含 10 年)的青年教师压力最大,这是因为青年教师随着教龄的增长,其职称晋升的愿望也会随之变得愈加强烈,会有更高的成就动机和期望值,因为他们在职业生涯的前期投入了大量时间和精力,甚至一些教师在家庭和工作之间更多选择工作,下班时间还要做科研,牺牲了很多陪伴子女与老人的时间,因此一旦最终的结果达不到他们的预期,便很容易使他们产生挫败感,影响工作和生活。但是职称晋升并非易事,而且高校每年的教授、副教授评审名额都是有限的,因此在职称评定时竞争很大,青年教师的压力也很大。在职称评定时,教师的科研成果是最重要的指标,而教龄在5~10年(不含10年)的青年教师,在评比时不占优势,很多教龄在10年及以上的青年教师手里的科研成果非常多,并且也在等机会评定教授、副教授职称,因此教龄在5~10年(不含10年)的青年教师压力很大。

综上,在总体压力感上,5~10年(不含10年)>10年及以上>5年以内(不含5年);在组织管理维度上,5~10年(不含10年)>5年以内(不含5年)>10年及以上;在工作负担维度上,10年以上(不含10年)>5~10年>5年以内(不含5年);在职称评聘维度上,5~10年>10年及以上>5年以内(不含10年);在职业发展维度上,5~10年(不含10年)>10年以上>5年以内(不含5年);在人际关系维度上,10年及以上>5~10年(不含10年)>5年以内(不含5年)。

(二)职称差异

如表4-29所示,在总体压力感上,讲师的总体压力感为3.43,副教授的总体压力感为4.00,教授的总体压力感为3.38。数据显示,总体压力感大小排名为副教授>讲师>教授。

表4-29 职业压力源的职称差异均值对比情况

职称	组织管理	工作负担	职称评审	职业发展	人际关系	总体压力
讲师($N=360$)	3.57	3.29	3.55	3.37	3.10	3.43
副教授($N=100$)	3.84	3.78	4.11	3.82	3.63	4.00
教授($N=40$)	3.44	3.42	3.38	2.88	3.17	3.38
组间比较	2>1>3	2>3>1	2>1>3	2>1>3	2>3>1	2>3>1

就总体压力感来说,首先副教授的总体压力最大,其次是教授,最后总体压力最小的是讲师。出现这一现象的原因是副教授在高校教师队伍中刚刚崭露头角,事业上刚有起步,他们无论是在教学还是科研工作中,都是新入职教师的榜样和带头人,还有部分副教授身兼行政职务,需要承担很重的工作任务,不管是在组织管理、工作任务,还是人际关系方面,都要求其付出更多的时间和精力去应对。同时从调研数据的交叉分析来看,大部分已经评上副教授职称的青年教师都已经成家,在忙于工作的同时,还需要经营家庭,甚至养育子女,因此常常会缺少对子女、家人的陪伴,对待工作上的事务心理压力大,时间久了不仅影响自己的身体健康,也影响家庭和睦。与此同时,因为副教授在教师队伍中属于中坚力量,而部分教师在家里也是"上有老下有小",是家里的顶梁柱。所以,不管是在家还是在学校,都对他们提出了比较高的要求,这使得很多时候教师发现自身水平与外界所期待的角色有很大差距,不足的地方还有很多。因此,导致副教授群体精神上压力很大。

就职称评审维度和职业发展维度来说,压力最大的是副教授,压力最小的是教授。其原因可能是职称为教授的高校教师已经在事业上颇有成就,已经完成最高级别的职称评定,并且因为从教年限高,掌握了一定的资源,人脉也相对较广,在培养学生方面比副教授和讲师更有优势,压力也比较小。而相比副教授而言,职称为讲师的高校青年教师在事业上属于刚刚起步阶段,不管是在教学领域还是科研领域都还没有崭露头角,在学校主要负责协助教授与副教授授课,备课压力小,而且在科研领域也还是刚刚入门,只是从事简单的课题申报等事务。总的来说,学校的各个方面对刚入职不久的讲师而言要求都比较低,他们最主要的任务是熟悉工作环境,逐渐进入工作状态,压力不会太大。而具有副教授职称的青年教师在事业上已经稍有成就,在各大高校中大多数是科研带头人、科研团队的主心骨,所以副教授职称的青年教师压力比较大;此外,推动高校未来成长和发展的重任也在这一部分教师身上,因此高校越来越重视对青年教师的培养,尤其是对副教授职称的青年教师,这一部分教师能力强、干劲足、肯吃苦、进步快、进步空间大,值得学校花心思着重培养,这无形中也给副教授职称的教师带来压力,尤其是工作负担、职称评定、职业发展三方面。

综上,从总体压力感来说,副教授>教授>讲师;在组织管理维度压力来说,副教授>讲师>教授;在工作负担维度压力来说,副教授>教授>讲师;在职称评审维度压力来说,副教授>讲师>教授;在职业发展维度压力来说,副教授>讲师>教授;在人际关系维度压力来说,副教授>教授>讲师。

四、职业压力的专业和高校层次差异

(一)专业差异

如表4-30所示,在总体压力感上,工科青年教师总体压力感均值为3.75,理科青年教师总体压力感均值为3.62,文科青年教师总体压力感均值为3.54。数据显示,总体压力感排名为工科青年教师>理科青年教师>文科青年教师。

表4-30　职业压力源的专业差异均值对比情况

专业	组织管理	工作负担	职称评审	职业发展	人际关系	总体压力
文科($N=370$)	3.58	3.40	3.62	3.43	3.13	3.54
理科($N=70$)	3.94	3.50	3.85	3.49	3.62	3.62
工科($N=60$)	3.82	3.54	3.88	3.56	3.50	3.75
组间比较	2>3>1	3>2>1	3>2>1	3>2>1	2>3>1	3>2>1

导致这一排名的主要原因是在学术环境与市场日益接轨的时代,我国的科研更注重投入产出比,相对于理科和工科高校的青年教师,文科青年教师在核心期刊发表论文和申请课题方面相对要简单一些。因此,在职称评审的过程中,面临这些困难的理科、工科青年教师相比文科专业青年教师会产生更大的压力。在工作负担维度上,理科、工科教师在授课之余,大部分时间都在实验室做科研,不论是精神上还是身体上都很疲惫,精神压力大。

综上,在总体压力感上,压力最大的是工科专业青年教师,其次是理科专业青年教师,压力最小的是文科专业青年教师;在组织管理维度上,压力最大的是理科专业青年教师,其次是工科专业青年教师,压力最小的是文科专业青年教师;在工作负担维度上,压力最大的是工科专业青年教师,其次是理科专业青年教师,压力最小的是文科专业青年教师;在职称评审维度上,压力最大的是工科专业青年教师,其次是理科专业青年教师,压力最小的是文科专业青年教师;在职业发展维度上,压力最大的是工科专业青年教师,其次是理科专业青年教师,压力最小的是文科专业青年教师;在人际关系维度上,压力最大的是理科专业青年教师,其次是工科专业青年教师,压力最小的是文科专业青年教师。

(二)高校层次差异

如表4-31所示,在总体压力感上,专科高校青年教师总体压力感均值为3.83,本科高校青年教师总体压力感均值为3.50,数据显示,在专科高校任教的青年教师压力大于在本科高校任教的青年教师。

表4-31 职业压力源的高校层次差异均值对比

高校层次	组织管理	工作负担	职称评审	职业发展	人际关系	总体压力
本科(N=440)	3.62	3.38	3.66	3.41	3.20	3.50
专科(N=60)	3.57	3.46	3.56	3.53	3.25	3.83
组间比较	1>2	2>1	1>2	2>1	2>1	2>1

这一结果的原因在于,高校的类型不同,培养学生的侧重点也不同,因此对两个不同类型的高校教师的素质与能力的要求也有很大差别。本科高校教师上课的任务主要是讲授学科领域的基本理论,主要为了培养学术型人才,因此对于在本科高校任教的教师来说,学术能力必须与时俱进,及时了解与掌握专业领域新知识、新理论,让学生也及时接受新理论、新知识、新的研究方法;与此同时,对于在本科高校任职的教师而言,在职称评审时对科研成果的要求也会更高。所以在工作中除了要保证基本的授课质量以外,还要兼顾科研,承担多个较高级别的项目或课题,相对专科高校的教师而言,他们承受的来自职称评审的压力更大。

在工作负担维度和人际关系维度上,相比于本科高校而言,专科高校在招生时,由于生源不同,因而不管是平时正常授课,还是生活中学生的日常琐事,都会比本科生难处理一些,这会耗费青年教师更多的时间和精力;同时,与学生之间的关系也会耗费教师很多精力,有时甚至会让青年教师感到身心疲惫,承受的压力也更大。

综上,在总体压力感上,专科高校青年教师大于本科高校青年教师;在组织管理维度上,本科高校青年教师压力大于专科高校青年教师;在工作负担维度上,专科高校青年教师压力大于本科高校青年教师;在职称评审维度上,本科高校青年教师压力大于专科高校青年教师;在职业发展维度上,专科高校青年教师压力大于本科高校青年教师;在人际关系维度上,专科高校青年教师压力大于本科高校青年教师。

第四节 本章小结

本章以吉林省地方高校为例,对青年教师职业压力的现状进行定量分析和定性描述,为后续职业压力源的实证分析奠定基础。首先,根据预调研从青年教师的个体特征情况、学位和教龄状况、职称和高校层次、从教学科类别和所在高校类别等方面描述了吉林省地方高校青年教师概况，并进行交叉分析。其次，对职业压力的总体状况和具体维度进行了描述统计性分析，最终得到各维度下几个项目的压力量表和选项比例分布表。具体来说，吉林省地方高校青年教师的职业压力表现在组织管理、工作负担、职称评审、职业发展、人际关系五个维度。最后，通过比较不同群体的职业压力总体状况以及各个维度下的职业压力均值大小对吉林省地方高校青年教师职业压力现状进行差异性分析，分别从性别、年龄、学位、婚姻情况、教龄、职称、专业和高校层次八个维度去比较不同群体的职业压力在各个维度上的差异。

第五章　地方高校青年教师职业压力源分析

职业压力源是提出地方高校青年教师职业压力调节策略的重要依据。本章将从理论和实践两个方面,对地方高校青年教师的职业压力源展开多维度分析。本章第一部分是地方高校青年教师职业压力源的理论分析,主要从社会压力源、高校压力源、个人压力源三个维度深入讨论地方高校青年教师职业压力的来源。本章第二部分是地方高校青年教师职业压力源的实证分析,通过模型构建,采用二元逻辑回归对问卷数据进行分析,得出各个变量与地方高校青年教师职业压力产生的关系。本章第三部分是职业压力产生的原因分析。

第一节　职业压力源的理论分析

一、社会压力源分析

(一)高等教育改革——"双一流"建设

2015 年,国务院印发《统筹推进世界一流大学和一流学科建设总体方案》。2017 年,教育部、财政部、国家发展改革委印发《统筹推进世界一流大学和一流学科建设实施办法(暂行)》,全面开启"双一流"建设新征程。2018 年,教育部、财政部、国家发展改革委制定了《关于高等学校加快"双一流"建设的指导意见》。这些文件规定了"世界一流大学和一流学科"的遴选条件、遴选程序和动态管理等多方面的内容。为了打破高校身份的固化,鼓励开放竞争,设置了"双一流"的建设周期,每五年为一个建设周期,并且实行动态调整,也就是说"一流大学和一流学科名单"是会发生变动的,而不是一成不变的。虽然"双一流"学校之间的竞争十分激烈,但是进入"世界一流大学和一流学科"的诱惑力是十分巨大的。其中,对高校影响较大的因素就是财政拨款。一般来说,获得双一流头衔的高校比没有获得双一流头衔的高校得到的财政拨款多,一流大学所获的财政拨款比一流学科所获的财政拨款要多,一流学科数量多的高校比一流学科少的高校获得财政拨款多。以深圳大学为例,2021年公布的预算资金为 75.33 亿元,在"双非"高校里面,这一资金预算可以说是排名第一。虽然,深圳大学的财政预算由四部分组成,分别为深圳大学本部、深圳大学师范学院、深圳大学总医院、深圳大学平湖医院,即使不考虑其他三部分的因素,只看深圳大学本部,其财政预算也有 53.55 亿元,虽然不如郑州大学的年度预算 70.67 亿元多,但深圳大学的经费依然比其他"双非"高校多,而有些西部地区的"211"院校,其经费只有十几亿元,更有甚者,东北地区的"211"院校年度经费也仅仅只有几亿。与"双非"相对应的是"双一流"高校,二者之间的年度预算可以说具有天壤之别。以清华大学为例，其 2021 年的年度预算为 317 亿元，是深圳大学年度预算的四倍还多。

由此可见，进入"双一流"名单给高校带来的政府财政拨款之丰厚，因而进入"双一流"对地方高校具有巨大的诱惑力，这也就注定了高校之间在进入"双一流"名单的竞争是十分激烈的。要想进入"双一流"名单，就要按照遴选的标准进行改革，符合高等教育改革的绩效标准。当今社会，高校在世界上的名声和地位主要是通过衡量高校学术水平及影响力的评价指标工具发布的世界大学排名信息得以显示的，诸如 ESI 排名、QS 世界大学排名、泰晤士世界大学排名等，而对这些排名起到决定性影响的是高校科研成果的质量和数量，即科研实力。这就进一步突出了一流的科研成果对一流大学建设的支撑作用，这导致高校重视排名，而高校排名的提高是和其所产生的学术成果的数量和质量相联系的，并且其学术成果是由高校教师产出的。所以，随着高等教育改革的推进，高校改革也表现出科研导向型的倾向，造成了高校将职称评定的标准发生重大变化，其学术氛围日益浓厚。以年龄为基准，青年教师和中老年教师群体对这一改革的反应是十分不同的。高等教育改革之前，职称评定的标准可能和年龄、资历、任职时间长短等相关，而高等教育改革之后，高校教师的职称评定标准则更多地和学术成果、申请项目课题的数量、项目资金的多寡等因素相关。中老年教师在这一问题上感受到的压力程度可能不大，因为这部分教师很有可能在高等教育改革之前，就已经地获得了相应的职称，使得这部分已经获得职称的中老年教师的群体可能不再热衷于追求更高的职称。而与中老年教师相对应的青年教师群体，可能刚刚入职或者刚刚入职几年，工资待遇和福利待遇都相对较低，同时还要面临着来自多方面的压力，例如缴纳房租、入职经验不足、学校的任务重等多方面的因素。与中老年教师群体不同，在一般情况下，这部分青年教师群体对职称的追求意愿较为强烈，因为高职称意味着高工资和高待遇。但是通往高职称的道路却并不平坦，尤其是经历了高等教育改革之后，其职称评定政策的改动变大。一方面是来自政策变动，之前的努力和获得的成果可能白费；另一方面是需要青年教师根据政策去变革自己，这都在一定程度上使他们压力倍增。但是，这样的政策变动对中老年教师群体的影响是十分有限的，因为中老年教师群体较少需要面对来自以上方面的压力。同时，高校改革也带来了更加浓厚的科研氛围，甚至出现了"唯科研论"，表现出对科研的极力推崇，将学校的任务更多地设置在科研方面，而非教学方面。但是，如此设置的高校规划，在一定程度上可能并不符合客观规律，因为并不是每一位青年教师都有"做科研"的天赋，也不是每一位教师都能产出高质量的研究成果。所以，如此高度重视科研给青年教师带来了十分沉重的负担，产生了高校青年教师的职业压力大的现状。

（二）社会竞争加剧

在社会压力源中，激烈的社会竞争是第二个压力源，这一压力源的形成和高等教育改革之间存在着联系。

①由于高等教育改革，各个高校为了进入"双一流"名单展开了争先恐后地激烈竞争，甚至产生了恶性竞争，有的高校不择手段地去其他高校"挖人"，以争取优秀的科研人才，形成高质量的科研团队，增强自身科研能力水平，最终提升科研成果产出的能力，加快进入"双一流"名单的进程。这一恶性竞争产生的严重后果之一是高校会大量引入其他学校的

优秀科研人才,对本校原本的教师产生强烈的冲击。两个群体之间会在就业岗位、职称评定、课题申请等多个方面展开激烈的竞争,给高校原本的教师带来了巨大的压力,尤其是刚刚入职又没有太多的科研成果的青年教师,还要面临外来人才的"侵入",其受到的压力程度之大是可以预见的。据相关研究,两位高校青年教师对高校大量引入优秀科研人才这一行为进行了评论,"改革之后,学校的发展要依靠师资队伍,但是现在我们学校是怎么做的呢? 无论是从经费上,还是从态度上,都把很多精力投到了高层次人才的引进,还有学校里面比较突出的那部分。不管是投的钱,投的精力还是课题申请、培训都是针对他们的,而忽略了更多中下层的教师。""双一流之后,又招收了很多的教师,招收条件提高了,所以单位新进来的教师质量明显地提高了,他们进来以后要科研,也要教学,感觉跟他们站在同一条竞争线上,瞬间压力很大。"以上两位教师的访谈材料可以预见,高校青年教师在面对这一挑战时所感受到的压力严重程度。

②除了需要和外来人才进行竞争外,在高校内部青年教师之间也存在着激烈的竞争。以其中两个比较具有标志性的群体为例,一是"海归"群体,这类学者有国外留学的经历,并且从我国以外的国家取得了正式的博士层次的学位。近年来,在高校进行教师的招聘工作中,将是否有留学经历作为其是否被录用的一个指标,表现出对留学经历的重视程度。并且,在同等的竞争条件下,有留学背景的"海归"学者们更有竞争力,更有可能被录取。而与之相对应的在我国土生土长的"本土"学者,与"海归"学者相比,他们的劣势也较为明显,主要体现在国际视野和语言能力方面,即前者拥有更广阔的国际视野和更强的语言能力。同时相对于后者,前者的机会更多,例如,在各类人才引进计划中,"海归"学者在职称及待遇上往往优于"本土"学者。基于以上情况,高校原本的青年教师要与"海归"学者之间进行竞争,因此,高校青年教师的职业压力轻重程度可见一斑。

③除了面临与校外优秀人才和"海归"学者们之间的竞争外,高校青年教师还要与同一个研究领域的学者之间进行竞争。同研究领域的学者主要是指两类群体,其一是"学阀"。按其占据的资源多少来衡量,这类学者主要是指学科带头人、知名学者(院士、长江学者)、大牌教师、兼任行政领导和教学科研双重任务的"双肩挑"(校领导、学院院长等)。这类学者掌握着优厚的教育资源,对学术领域有着十分重大的影响。这类学者的学术资源主要体现在以下三个方面:一是生源,二是设备,三是项目。同时,这些学者所产出学术成果的效率与以上资源分配的结果有着相当强的联系。而作为高校青年教师,在这些资源的分配方面处于的劣势地位。例如,从生源方面来说,"学阀"的名气更大,这类学者往往是学生们中最受欢迎的群体,因此"学阀"占有的博士、硕士名额是高校青年教师的几倍。另外,在科研项目和经费上,"学阀"能够获得的项目和经费更多,这与"马太效应"相似,更好、更多的资源向着强者流动。与这类群体进行竞争,高校青年教师的劣势是十分明显的,他们感受到的压力也是极大的。其二是"学阀"的学术接班人。"学阀"根据与自己关系的亲疏远近来培养自己的"接班人",在管理学中,这一现象也被称为"近亲繁殖",当这种"近亲繁殖"达到一定的规模之后,就会形成一张"大网",或者是一座"金字塔",站在塔顶端的是"学阀",而其接班人则在金字塔的下端。"接班人"群体相对高校青年学者拥有更多的机会,以职称评定为例,职称评定机构的核心成员在制定评定的过程中,会考虑到"学阀"的影响力,因而

对"学阀"的接班人可能给予更多地照顾,使其职称评定的进程更顺利。当然,这种"大网"的影响绝不仅限于此,还影响到诸多方面。相比"接班人",高校青年教师所得机会则少之又少,因而,在社会竞争压力源中,高校青年教师在与校外优秀人才、"海归"学者和同一研究领域的学者竞争的过程中,处于较大的劣势,自身的竞争力较弱,因而他们所面临的压力是十分巨大的。

(三)社会期望值高

社会期望值高是社会压力源中的第三个压力源,是指社会对地方高校青年教师报以很高的期望。社会高期望值来自以下两个方面。

1. 校外的社会

首先,作为高校青年教师,同时也是高级知识分子,无论是在学校内部还是在社会上,都有十分重要的作用,使得社会对高校青年教师有着非同一般的期待,甚至将教师的形象塑造成理想化的高校青年教师,认为他们应该具有良好的高校教师形象,因为这样的形象具有榜样的示范作用,对提升大学生的综合素质有着十分重大的积极影响。塑造良好的自身形象既是社会的期望,也是教书育人工作的内在要求,这对入职不久而又缺乏经验的高校青年教师来说,无疑具有较大的压力。良好的教师形象体现在以下几个方面:

①外在形象,主要包括言谈举止和衣着服饰,高校青年教师的外在形象要凸显其教师的身份,要与其他职业相区别;

②内在形象,也就是精神风貌,高校青年教师要有良好的道德品质,例如,有良好的师德师风、爱岗敬业、高尚的人格。

其次,高等教育改革也是造成社会对高校青年教师产生期望值的原因之一。近年来,随着高校扩招,接受高等教育的学生数量不断增加,但是与之相对应的高校教师数量的增长速度却不能与之相匹配,这就造成了教师数量与学生数量之间的"供需脱节",结果就是对刚入职的高校青年教师提出了更高的要求,其高要求主要体现在以下几个方面:

①高校青年教师要迅速熟悉工作环境,提升工作效率;

②高校青年教师要承担较为沉重的教学任务;

③社会对高校青年教师是"低理解"的。

在外界看来,高校教师不得有寒暑假时间去休息,而且平时的工作强度又不大。但是,事实却并非如此,这就导致社会的高期待和高校青年教师工作强度之间的"信息不对称"。可以说,青年教师是学生数量与教师数量之间不可调和的矛盾的"承担者",因此,他们所承受的压力无疑是巨大的。

最后,近年来随着互联网技术的不断革新,网络自媒体的蓬勃发展,也使高校青年教师感觉压力颇大。原因在于,互联网时代每个人的隐私都存在被窥探的可能,甚至被某些自媒体无限制地放大。教师可能因为一个小小的失误或者语气上的变化都会被拍成视频,经过媒体的"精心"制作后发布在网上掀起舆论的轩然大波。也可以说,高校教师是生活在"监控"之下的。在这种情况下,高校青年教师就必须要十分谨慎自己的言行,这就毫无疑问地加重了高校青年教师的心里紧张程度,因为高校青年教师是一个被社会报以高期待的群体,一旦犯错误,他们所遭受的指责,会比犯错误的普通人遭受的指责要严重得多。

2.广大的学生群体

①小学、初中和高中教师的工作对象是未成年人,而高校青年教师的工作对象是成年人,他们有着不同的成长经历、社会背景和自己的一套价值体系,同时,内心有着复杂的心理活动。当今时代,大学生群体的一个显著特点就是高个性化,无论是在为人还是在处理事情方面,都彰显出自己的个性,这种高个性化的特点带来的一个后果就是传统教育的"一家之言"面临着重大的挑战,使其不再具有往日的绝对权威。基于以上两点原因,这类学生群体对高校青年教师的需求是多元化的,是极具个性化的。而高校青年教师曾经在校学习环境与今天大学生的在校学习环境是截然不同的,因此需要高校青年教师把握好学生们的真实需求,对学生做到因材施教,满足学生们的高期待。

②学生群体对高校青年教师教学方法和学术知识水平的高期待。首先是教学方法方面的高期待,得益于互联网的快速发展,学生们通过互联网有机会接触到更多的课程资源,例如,精品课、示范课、国内外优秀教师的讲课视频等。同时,也可以借助一些手机、电脑软件搜索到多种多样的教学视频。有了高品质课程作为参照,自然就会产生对比,而高校青年教师就可能被学生作为被对比的对象与优秀教师进行对比。在对比的过程中,学生会对高校青年教师提出了更高的期待,以满足其需求。但是,对高校青年教师来说,在短时间内拥有高水平的教学方法是十分困难的,再加上其入职的时间并不长,缺乏教学经验,因此想要满足学生在教学方法方面的高期待并不容易,这也造成了高校青年教师的高压力。其次是学术知识水平的高期待。同样是得益于互联网的快速发展,全国高校的学生都可以接触到国内外知名学者的理论研究成果,在高校的教学方式中,都鼓励学生与高校教师之间讨论与交流,而高校教师负责为学生答疑解惑,这就导致学生在无形之中对高校青年教师提出了高期待,希望教师能够指点迷津。高校青年教师就需要掌握当前研究领域最新的研究成果,从而满足学生的需求。但是,掌握最新的研究成果需要阅读大量的文献并查阅大量的相关材料。因此,从这个角度来看,对于青年教师来说,学生的高期待也是造成其负担重、压力大的原因。

二、高校压力源分析

(一)高校组织管理保障不到位

高校组织管理保障不到位主要是指高校对其所属教师所做的制度设计和管理工作的不合理。高校组织管理工作的原本目的是更好地为高校教师服务,为高校教师提供良好的工作环境。制度设计的本意是好的,但是最终落实到实际时,所产生的效果却事与愿违。高校组织管理保障不到位主要体现在以下三个方面。

①高校青年教师面临着各种形式的教学检查活动,除此之外,还不得不面临诸多的事务性工作、参与各种会议、学生管理、社团指导、工作室学习、宣传工作、党团建设、招生就业等隐形工作,这些耗费了青年教师的大量精力,使青年教师在完成日常的教学和科研任务之外,还要承担其他各方面的事务。繁杂的日常事务严重地影响了高校青年教师工作的效率,并且容易使高校青年教师产生厌烦、消极抵抗的情绪。此外,被要求同时完成多种不同的任务对高校青年教师来说也是一个巨大的挑战。在整个过程中,他们都处在高压力的状

态下,长此以往,就会使得这部分高校青年教师感到分身乏术,压力倍增。

②内部参与民主决策的程度,通俗来说,就是高校青年教师是否有权力参与民主决策,其本质是高效的行政权力和学术权力之争。理论上,我国高校的学术权力应该优先高校的行政权力,这一点已经得到了我国教育部门、专家等的高度承认。但是,实际上在高校组织管理教师的过程中,学术权力一直处在相对劣势的一方,而与之相对应的行政权力却一直是享有更多话语权。这种权力地位的不平衡对高校未来的命运有极为重要的影响,对一所高校的教学和科研实力的影响尤为明显。所以高校青年教师更应该被高校放在重要的位置,并且将高校教师作为学校的支撑力量进行培养与服务,从而促进高校"内涵式发展"。作为高校教学活动的一部分,如果高校青年教师长期被排斥在高校组织之外,无法参与民主决策,那么势必会导致高校青年教师群体感受到压力巨大。甚至在有些高校,由于行政权力的影响力较大,导致了一些高校管理人员产生了"官本位"的思想,因而,这些管理人员所执行的管理工作对高校青年教师是不友好的,甚至是不尊重高校青年教师的。但是,大学本应该是教师和学生的共同体,管理工作的目的更多的是服务教师和学生的,如此"官本位"的管理工作最终导致的结果是高校青年教师群体的压力上升,高校青年教师工作效率的降低,高校科研教学实力的下降。

③高校的行政化管理体制是行政部门对高校的管理,它包括职称评定、科研经费申请、教学课程多少、研究生导师资格的获得以及住房等。高校管理体制行政化的程度,能够反映高校青年教师参与民主决策的程度,但是结果未必能精准。因此,通过将高校的行政化管理程度与青年教师参与民主决策程度两个方面结合起来,以期更为精准地反映高校的组织管理情况。理论上可能出现以下情况,如果是高校青年教师民主决策参与程度低,高校实行的可能就是低行政化管理体制,但是由于行政管理占据着更具有话语权的位置,所以可能出现与事实相悖的情况,即高校青年教师民主决策参与程度高,那就是高度行政化管理体制。与之相似的另外一种可能与事实相悖的情况是,高校青年教师民主决策参与的程度低,那么也会存在高校实行低行政化管理制度。

(二)高校绩效考核制度不合理

高校绩效考核的目的是激发高校教师工作的积极性,提升高校教师工作的效率,更好地完成组织目标,强化高校整体的科研水平与教学能力。然而,实际情况可能并非如此,在高校绩效考核制度实施的过程中,有的高校绩效考核制度非但没有起到积极的正向作用,反而对高校教师起到了"逆向"的激励作用。近年来地方高校也实现了由专科升级为本科,随着这一过程的深入,人才培养目标也随着转型而发生变化,在高校教师方面,总体的趋势是提高了对高校教师科研工作的要求。如果把高校比作一个庞大的机器,那么高校教师的科研成果就是这个巨大机器的"发动机",当一个发动机能够提供的动力越足、越持久,这个机器也就运行得越好。据前文内容,科研实力已经成为高校排名的依据,因而在这种情况下,高校会选择将更多资源都投入到科研方面,包括评奖、评优。而量化的考核评价机制就是这种趋势的反应,近年来,这种量化的考核评价机制也受到了不少地方高校的青睐,其目的是引导、激励教师从事科研工作。这种量化的考核评价机制的评价指标包括多种因素,例如高校教师发表论著数量的多少,发表的期刊等级的高低,或者是发表的期刊是否为核心期刊,申请到的课题项目数量的多少以及所申请课题项目等级的高低,还有高校教师的科研经费金额数量的多少,并且针对每一个具体量化评价指标,其都会被设置具体的量化分数,而高校教师工作业绩的好坏与这些量化评价指标所对应的分数之和有着直接的联系。为了保证高校教师的工作的数量以及质量,高校还会对各个指标做出硬性规定,例如每年发若干篇的期刊,每年要申请几个基础课题,其中根据不同的课题来源,比如教育厅的项目,每年的社科基金项目,部分高校对此都做出了分门别类地各种规定。虽然,制度设计的本意是好的,但是在实施过程中,制度所达到的效果却不尽如人意,原因在于高校所具有的资源配置,其中包括实验所需要的设备、场地等,不能够满足高校教师的需要,也就是说,这种资源配置不足和高校教师需求之间的矛盾严重阻碍了高校教师科研成果的产出。

"对目标的明确性高、引导性强"是量化的科研考核评价体系中一个突出的优点,简而言之,可以从量化的考核评价体系中直接看出哪一部分占的权重最大,哪个部门对提升高校教师个人工作绩效的效果最为突出,同理,量化的科研考核评价体系,更是强调了高校教师的科研成果在其最终的绩效考核结果的重要作用。作为高校教师,他们的行为会受到这种量化的科研考核评价体系的影响,无论是职称评审还是绩效考核都会受到这种量化的科研考核评价体系的限制,这就使得科研基础薄弱的青年教师刚入职就要准备申请各种课题项目,发表文章。量化的科研考核评价体系的另一个突出的优点在于操作的简易性,换句话说,这种量化的科研考核评价体系无需专业的人力资源师来进行操作,而是如前文所提到的是一种计数式的评价体系。因而,从高校管理的角度来看,这种科研考核评价体系为高校教师的工作业绩提供了一个十分明确且相对客观的标准。但是,在实际的制度实施过程中,很多高校采用的科研考核评价体系都忽略了高校教师自身的复杂性,例如,高校教师的职务、年龄、类型等多方面的因素。这种由一个统一确定的标准来衡量全体高校教师的工作业绩不是完全合理的,因为这种科研考核量化评价体系没有将高校教师的个体差异性因素考虑其中,同时也不符合教师的成长规律。根据国外学者 Lehman 的相关调查结果显示,在 170 名数学、物理等多个领域最杰出的学者中,他们的绩效产出的最佳年龄一般是在 30~40 岁,而科学家们的创造性顶峰大都在 20~45 岁。由此可见,虽然高校青年教师入职的时候可能正处于这个最佳年龄段,但是学者 Lehman 调查的对象都是杰出的学术人才,作为普通人普通高校青年教师的成长速度可能没有这些杰出的人才速度快,因而这就可能造成高校青年教师绩效产出的最佳年龄阶段延后。而这种绩效产出最佳时期的延后会导致刚入职的青年教师感受到压力巨大,因为他们刚毕业就参加工作,即面临着科研基础相对薄弱的困境。但是,高校在建立科研考核评价体系的时候,并没有充分了解高校青年教师的具体情况,没有将这一群体的特点作为建立科研考核评价体系的影响因素,不仅如此这种体制在忽略了青年教师群体的境况之下,还在各方面对青年教师提出了更高的要求。也就是说,高校青年教师要完成含有大量原创性的脑力劳动,简而言之就是"巧妇难为无米之炊",刚入职的教师没有经过一定时间的学术沉淀,没有足够的时间在当前研究领域进行充足的研究,最后的结果就是没有办法完成学校的既定任务,而这种统一标准的科研量化评价体系却不会因为高校青年教师的特殊情况而发生变化,因此,这种僵化的量化科研考核评价体系对于青年教师来说是不够公平的。久而久之,不但青年教师会产生浮躁的情绪,还会长时间处于一种"高压力"的状态,而这种状态的持续从青年教师群体来看,打击了青年教师的工作积极性,从高校的管理来看,这种量化的科研考核评价体系对高校整体师资力量的发展是一种阻碍。

(三)高校晋升条件严格

作为导致地方高校青年教师职业压力大的高校压力源中的第三个压力源,地方高校青年教师的晋升条件严格与高等教育改革有一定的联系。随着高等教育改革的深入,全国各地高校都或多或少地提高了高校教师的聘用条件,因此,高校青年教师的学习层次绝大多数都是博士学位,而这类群体有极为突出的特征就是他们迫切希望达成自己的成就,并且拥有很高的价值追求。这类群体极其重视自己未来的职业发展,他们会根据自己的情况制定属于他们的职业规划。但是,这类群体作为高校青年教师,他们还处在职业规划的起步阶段,要达成自己的目标,例如职务晋升、薪资待遇的提升、在职称评定中获得高职称,还有很长的一段路需要走。

在目前各高校针对教师职务晋升的规定中,在多个方面都做出了明确的规定,例如高校教师的学历层次、高校教师的外语掌握程度、高校教师科研成果数量和质量的双重要求。对于刚刚入职的高校青年教师而言,这些规定对他们来说是极其不友好的。例如,江苏省某高校比较详尽地列出了申请教授职务的诸多要求:"获得大学本科以上学历或学士以上学位后,取得副教授资格,并实际聘任 5 年以上副教授职务。研究型学科的教师 1963 年 12 月 31 日以后出生的必须具有博士学位,其他学科教师 1968 年 12 月 31 日以后出生的教师应具有博士学位"。同时,该校也规定了申请副教授职务的诸多要求,"获大学本科以上学历或学士以上学位后,取得讲师资格,并实际聘任 5 年以上讲师职务。研究型学科教师 1963 年 12 月 31 日以后出生的教师必须具有硕士学位,其他学科教师 1968 年 12 月 31 日以后出生的教师应具有硕士学位(具备博士学位,取得讲师资格并实际聘任 2 年以上讲师职务)"。对讲师的要求是:规定"具备大学本科以上学历或学士以上学位,取得助教资格并实际聘任 4 年以上助教职务(具有硕士学位,取得助教资格并实际聘任 2 年以上助教职务),1978 年 12 月 31 日以后出生的教师应具有硕士学位。"北京大学对教师申请教授职务时明确要求了外语能力和学历即"能够熟练运用外国语进行专业实践和国际交流""原则上应具有博士学位或本学科最高学位,1957 年 1 月 1 日以前出生的人员可放宽要求,任副教授职务 5 年以上"。北京大学对理学类、人文学、社会科学类的教师申请教授职务的条件在科学研究方面,其中必须要达到的一条标准是"在国内外重要学术刊物发表至少 8 篇学术论文,其中至少 5 篇被 SCI、EI 收录,并独立出版一部高水平学术专著(教材)。"信息与工程类教师在这个方面的要求是"作为主持人或主要参加者承担至少一项国家重点科研项目,或者至少两项省部级科研项目,本人可支配的年均科研经费一般不少于 30 万。"从以上两个不同层次的高校中,可以清楚地得出一条结论:对于高校青年教师来说,其职位晋升的条件是极为严格的,他们只能凭借在科研上的突出表现来获得晋升的机会,无论是副教授、教授的申请,都与高校青年教师的学术成果之间有着联系。除此之外,不仅在发表文章的数量上有要求,质量上的要求也很高,并且都要求是核心期刊。而对于刚入职的高校青年教师来说,想要达到以上规定的要求确实是难上加难。如果其达到了以上文件所规定的要求,还面临着与其他同事、上下级之间共同竞争的局面,从这个角度来看,高校青年教师所能够获得的晋升机会就变得更少了。从以上讲师、副教授、教授的申请条件中,我们可以总结出如下观点:作为高校青年教师,要经历以上三个阶段才能成为教授,而在这个过程中,其所花费的时间至少需要 12 年,这还不算在晋升的申请过程中被驳回并重新准备所需要花费的时间。

对于青年教师来说,还有另外一条道路有助于他们提升自身的科研能力,从而获得晋升的机会,那就是出国进修。出国进修的好处是有很多的,首先,扩展了自己的国际视野,开阔自己的思维方式,这对高校青年教师创新自己的学术思维是极其有益的。其次,丰富自己的理论知识和水平,如果长时间局限于国内的学术环境,教师的思想理论水平是很难得到显著提升的。如果教师能够有更多的机会去接触国外最新的研究成果,阅读研究领域前沿的相关文献,这对高校青年教师的帮助无疑是巨大的。最后,出国进修还可以增加自己的学历背景。在国内,如前文提到"海归"学者无论是在各类人才引进计划中还是职位晋升中,都有着优先的地位,从而扩大高校青年教师成功晋升的机会。但是,一方面受限于现实情况,由于高等教育改革、学校扩招等诸多原因,高校青年教师被安排了繁杂的任务,有教学任务也有科研任务,这些任务填满了刚入职不久的高校青年教师的时间安排,使他们没有时间去考虑出国进修,因此,高校青年教师的晋升通道又被"堵"死了。高校青年教师晋升条件的高要求会使青年教师感受到晋升无望,晋升无望则意味着其薪资待遇水平无法得到实质性的提升,另一方面又面临着不断提高的生活成本,这种困境最终的结果就是高校青年教师感到"压力山大"。

(四)高校教学和科研任务重

作为高校压力源中的第四个压力源,对于高校青年教师来说是最基本的压力源,因为高校青年教师在完成教学和科研任务中投入了大量的时间,并且教学和科研任务压力源贯穿至高校青年教师的整个职业生涯。

1. 教学任务重

教学任务重主要体现在以下三个方面。

①地方高校青年教师在教学方法和技能上所面临的挑战,原因在于大部分地方高校青年教师并非是师范类院校毕业,与师范类的教师相比,他们没有受过教学训练,虽然在知识储备方面完全合格,但是教学的方法和技能比较薄弱,随着学生的角色发生变化,很有可能出现学生对教学效果不好的青年教师"不买账"的情况发生,从而降低了高校青年教师的教学效能感。这种低效能感是高校青年教师教学任务完成质量的直观反映,并且教学任务完成的质量也是被纳入到高校量化考核评价体系中的。因此,缺乏必要的规范训练会影响高校青年教师对教学任务的完成效果,最终影响绩效考核的结果,从而引发高校青年教师职业压力大。

②高等教育改革,学校扩大招生名额,高校青年教师数量增长的速度不能与学生数量增长的速度相匹配,造成"供不应求"。在这种环境下,高校青年教师的课程安排大幅度增多,直接的结果就是高校青年教师的课务压力急剧上升,有的高校青年教师甚至在一学期要开设多门课程,并且每周的课时数量也相当之多。据相关研究显示,周课时超过 16 节的

中青年教师占比将近70%。在这种情况下,高校青年教师在完成每一节课的备课时间至少要3个小时,再加上学校对于教学任务完成质量的高验收要求,高校青年教师就需要投入更多的时间及精力去为学生们设计更有趣、更具有创新性的教学方式。这样一来,留给高校青年教师自己的时间就像"海绵里的水",需要挤出来,但是这块海绵已经是干了的海绵,因此也没有"水"了。与此同时,高校还要求青年教师要在业余时间"充电",要终身学习,这对于青年教师本就有限的时间来说,简直是"雪上加霜"。长此以往,高校青年教师势必会处在精神紧绷的状态下。

③由地方高校的教学评估形式所引起的教学任务重。在整个教学的过程中,高校青年教师要面临着各种监督和评估。例如督导团随机听课,组织学生对教师进行评议打分等。虽然制度设计本身的目的是保证高校教学工作的质量,但是实际上,这种制度对刚刚入职且经验不足的青年教师来说无疑是压力巨大的。

2. 科研任务重

学术是高校实力的集中体现。近年来,随着全国高校之间为了进入"双一流"而展开激烈的竞争,在很多高校中,科研成果成了工作的重心。因为每一篇高质量科研成果的产出可以在短时间内迅速地提升学校的排名,进而提升整个学校在全国的地位。在这种思想的引导下,很多高校走向了"极端",这种"极端"的显著表现就是学校将所有的资源都用在科研工作上,无论是评奖、评优,还是职称评审都直接或者间接地与科研成果的数量多少挂钩。这种绩效考核制度的指标权重极度不平衡可能会导致对某些高校青年教师的不公平。如果一位青年教师教学水平非常高,而科研成果不多,那么其最终的考核成绩便没有科研成果多、教学水平一般的青年教师绩效成绩高。即使两类教师都为学校的建设做出了贡献,但最终的结果却相差悬殊。虽然,学校将大多数资源与机会大幅度地向科研倾斜,但这样的做法可能忽视了客观规律的因素。科研工作本质上是脑力劳动,需要科研工作者投入高质量的创新性想法,这就注定了科研成果的产出是一个极度漫长且艰难的过程,从一个课题申请到理论成果的产出,耗费的时间是以年为单位计算的。而高校的制度设计是为了快速获得科研成果,这本身就是矛盾的,高校青年教师作为整个教师群体的一部分,他们所受到的压力程度是最大的,因为这类群体的科研基础、理论储备是薄弱的,不仅如此,这种制度还会给高校青年教师的职业发展带来了严重的后果——为了完成科研任务,有高校青年教师投机取巧,甚至做出了放弃自己的研究领域的行为。在发表的文章层次和质量上,选择低层次、低质量的期刊进行发表。甚至有的高校青年教师为了完成科研任务"铤而走险"走上"歪路",去学术造假、去抄袭剽窃等。这些行为造成的严重后果不仅会葬送高校青年教师的学术生命,还会对那些脚踏实地做科研的高校青年教师产生极为严重的影响,不仅会打击他们的科研积极性,还会使他们丧失对科研工作的热情。

三、个人压力源分析

(一)期望与现实的差距

作为个人压力源中的第一个压力源,期望与现实的差距指的是高校青年教师的自我期望与现实状况之间的距离,也是高校青年教师对自己所期待完成的目标是否达成。如果高校青年教师能够较容易地达成自己所设置的目标,那么期望与现实的差距就小,反之如果高校青年教师在付出大量努力后,仍然不能达成自己所设置的目标,那么期望与现实的差距就大。而这种高校青年教师期望与现实差距的悬殊会对这类教师群体产生极其不良的影响,其中比较明显的后果就是高校青年教师会感到前途渺茫,对自己的职业发展感到心灰意冷,进而身心都感受到巨大的压力。接下来本书将探讨为什么高校青年教师倾向设置较高的目标和即使经过巨大努力但最终获得"不如人意"成果的原因。

高校青年教师设置高目标的这种行为与这个群体的特征有极为密切的联系。如前文所述,高校青年教师刚结束自己的校园学习生活就进入高校从事教学科研工作。这句话包含着两层意思,第一层意思是,高校青年教师作为刚毕业的博士,他们可能站在了"学历金字塔"顶端;第二层意思是,作为刚刚入职不久的高校青年教师,他们是"高校职场"中的"小白",没有相关工作经验。基于以上两个方面的原因,作为刚毕业的博士,他们有着更高的价值追求,也有着他们所不及的高成就动机,同时因为学习周期长,大部分的博士都在 30 岁左右毕业。在校学习将近 20 年的光景和他们想要"自给自足"的高自尊心,使高校青年教师早就迫不及待地想要在"高校职场"中大施拳脚。他们经过层层筛选脱颖而出,为了能够在较短时间内获得晋升的机会,经常加班加点地工作,以期产出更高的绩效。正是由于这种对自身理想化的个人期望,而忽略了现实的情况。这种高个人期望一方面来自前文所阐述的缺乏正确的、客观的个人自我认知,另一方面也是由于缺少科学的、合理的职业生涯规划。高校青年教师想在极短的时间里创造出其他人可能需要十年才能得到的成果,这是不符合客观规律的。缺乏系统化的职业生涯规划,就不能较为客观地、合理地设置自己的职业生涯目标,因而就产生了高校青年教师设置了"三步并作一步走"的"大跨步"目标。而高目标的成功实现有以下极为苛刻的条件:

①高目标的实现要和时间跨度范围大之间成正相关的关系;

②更高层次的目标要求高校青年教师投入更多的个人精力;

③高目标期待还需要高校青年教师有持之以恒的决心和毅力。

这三方面条件决定了通往高层次目标的道路是不平坦的,并且要求高校青年教师要长时间将主要精力投入到高目标实现过程中。

下面本书阐述的是高校青年教师现实所得成果少的原因,以高校青年教师迫切希望晋升为例。由于我国高校普遍实行的定岗定编制度,即岗位的数量有限,再加前文中提到的社会竞争加剧的影响,刺激了高校青年教师在晋升过程中的相互竞争,因为晋升意味着薪资待遇的提升。但是,由于近些年高等教育改革的深入,学校将更多的资源和机会都放在了科研工作方面,其中包括职位的晋升、绩效考核、评奖评优等。并且高校青年教师晋升通道是有限的,晋升要求也是极为苛刻的,不仅要求任职的时间长,还要求有一定的科研成果。但是科研工作的性质属于脑力劳动,其最为明显的特征就是个人所付出的主观努力和成果产出不成比例。对于已经入职很久并且有工作经验的高校教师来说,从事科研工作并不轻松,无法保证自己的工作成果。而对于刚入职的高校青年教师来说,其自身的基础条件不如高校普通教师,劣势主要表现在科研基础薄弱,因此快速产出科研成果对他们来说是极为困难的。除了科研工作的特殊性,高校青年教师个人知识水平也是导致他们现实所获成果少的重要原因。对于刚毕业的博士来说,他们对知识的追求是永无止境的,其学习阶段的结束并不代表着整个学习生涯的结束,改变的只是工作地点和工作环境。在高校中,他们仍然需要继续学习。近年来,国家倡导高校青年教师在业余时间进行"充电",但高校青年教师被各种因素所限制,其中包括教学和科研任务,二者几乎占据了所有的个人可支配时间,甚至在休息日他们都要工作。由于工作和闲暇时间界限的模糊性,学术工作被描述为一种"永远在工作"的职业。这样一来,青年教师没有充足的时间进行"充电",因为高校青年教师一直在忙于教学和科研的双重任务,还有各种工作琐事的困扰,因此他们没有时间紧跟当前研究领域的最新成果,也没有时间沉下心思进行深度思考,无法平衡自己的时间,最终的结果就是高校青年教师所产出的成果少之又少。在这种背景下,虽然高校青年教师的期望大,但现实所得是很少的,这就导致了期望与现实的差距悬殊,从而导致高校青年教师职业压力大。

(二)工作经验不足

造成高校青年教师职业压力大的因素并不全是外部原因所导致的,还有内部原因。正如马克思主义的著名理论,外因要通过内因发挥作用,内因起到决定性的作用,这个理论也完全适用于高校青年教师的职业压力大的情境。与导致高校青年教师职业压力大的外部因素相比,其内因是致使高校青年教师职业压力大的决定性因素。高校青年教师的工作经验不足是个人压力源中的第二个压力源,产生这一现实情况的原因是来自多方面的。如前文所述,随着高等教育改革的深入,全国各地高校在教师招聘方面标准的提升,组成高校青年教师群体的大多数都是具有学习背景深厚的博士。另外,高校扩招与高校师资力量不足之间的种种矛盾,最终的结果是高校青年教师成了矛盾的承担者,他们担负着更为沉重的任务。所以对于他们来说,一旦入职就会面对各种工作任务。但是这其中是不是缺少了某个环节呢?答案是肯定的。以企业管理为例,在招聘新员工的时候,员工通过招聘之后,经过试用期最终进入到企业,但在这之前仅代表新员工的各项信息和资质符合企业的招聘和录用要求,并不代表新员工能够完全胜任这份工作。而为了保证员工能够胜任其所负责的工作,企业会采取多种方式对员工进行培训,从而提升其工作效率。培训内容包括导师制、学徒制等多种方式,如果从入职前后进行分类,可以分为入职培训和在职培训,其目的都是为了规范新员工的行为符合企业的规范,提升其工作的效率满足企业目标的要求。这一合理的培训制度同样也应该应用于高校青年教师的职业生涯中。除了缺少必要的培训之外,大多数高校青年教师不是毕业于师范类院校,在很多方面他们没有经历过任何规范性的授课训练,例如黑板的板书书写。因此,对高校青年教师来说,他们更擅长在自己研究领域进行研究,而对于教学工作可能是"一窍不通",这更加凸显了对高校教师培训的必要性。虽然针对高校教师的岗前培训和在职培训的重要性如此明显,但是限于诸多方面因素的影响,例如高校扩大招生名额数量所带来的师资数量与学生数量之间的矛盾,在此基础上还有高校繁杂的日常事务和科研任务,使得高校不会安排高校青年教师的培训工作,而作为高校青年教师更没有时间去接受相关培训,造成这种现象的原因是高校对青年教师情况了解的缺位,不清楚这个群体所面临的困境和真正的需求,而用量化的科研考核评价体系去催促青年教师,因而将高校青年教师放在了一个极为尴尬的处境。

高校青年教师工作经验的不足有着以下三个方面的表现,并且对高校以及青年教师来说有着极为严重的影响。

首先是面对突发事件应对能力弱,这里的突发事件主要指的是制度的变革、政策的变动等。近年来,教育变革的深入进行,各个高校针对性地采取了各种方式变革学校的管理方式。其中就涉及高校青年教师的角色转换,要求教师从传统的知识传播者的角色转变为知识的促进者和引导者的角色,这种巨大的角色转变对刚刚入职的高校青年教师来说无疑是一个巨大的挑战。因此,在面对这一突发性问题的时候,青年教师由于工作经验不足、应对能力弱,无法及时重新定位高校内的师生关系,其教学方式没有发生改变,依然保持着以往的教学思想,将知识传递给学生,而不是为学生服务。这就会导致高校青年教师不受学生欢迎,同时课程内容的呈现方式落后于时代,最终学生听课的兴趣下降,课堂的效能感降低,青年教师的个人成就感消失,从而陷入"自我怀疑",导致课程质量降低,如此"恶性循环"最终会导致青年教师感受到压力巨大。

其次是对日常的工作安排不够熟悉,对日常工作环境的适应是一个缓慢的过程,需要大量的时间去摸索、记忆,从而形成自己的独特应对方式。而这个过程如果只靠刚入职的高校青年教师自己去摸索,不但时间更漫长,而且会导致其身心俱疲。例如,部分高校为了提高青年教师课堂的质量,建立了督导团随机听课的制度,在校工作时间较长的教师对这种随机听课的做法较为熟悉。而对青年教师来说,面临督导团的听课,内心会变得更加紧张,因此影响课程的质量,而课堂的质量又和量化的考核体系相联系,正是因此,高校教师的心理会处于高度紧绷的状态,从而陷入影响讲课质量的恶性循环中。

最后是实践和执行的能力弱。例如,在申报课题的过程中,高校青年教师由于缺少相关经验,使得他们在上交申报文件的时候,会比其他教师提交的速度慢。在项目进行的过程中,缺乏对时间节点的掌握,导致执行和实践的速度慢。因此,在整个过程中,青年教师的执行和实践的速度都处于低速的状态。

(三)个人调节能力弱

作为个人压力源中的第三个压力源,高校青年教师个人调解的能力弱是指该群体在面对来自多个方面的压力时,不能采取有效的措施去排解压力,从而带给自己消极的影响。个人调节能力的强弱会严重影响个人所感受压力程度的大小。罗伯特·尼斯博的研究表明,当社会的剧烈变化不能被个人控制或是被外界强加时,个体就会产生压力,而那些缺乏控制和预测能力的个体,压力感则更加强烈。也就是高校青年教师的职业压力具有极强的个体差异性,调节能力强的高校青年教师感受到的压力程度低,调节能力弱的个体感受到的职业压力程度更高。

高校青年教师个人调解能力弱集中体现在以下三个方面。

1.个人认知

根据 Lazarus 的压力的认知－交互作用理论可知,个体对压力的感知与评价决定了个体压力感的大小。根据这一理论可以得知,高校青年教师职业压力是通过高校青年教师对职业压力的认知而发挥作用的。简而言之,职业压力与高校青年教师之间存在着一个"职业压力认知"这样的传递"介质"。同时,"职业压力认知"决定了个体在面对压力时采取的态度。因而,如果高校青年教师的"职业压力认知"是积极的,那么高校青年教师在面对职业压力的时候,就会从比较乐观的角度去看待这个问题,将引起职业压力的各种事件看作是一种在职业生涯初级阶段中的挑战,从而将职业压力转化为奋斗的动力,并且高校青年教师还会积极地寻找解决职业压力的措施。反之,如果高校青年教师的"职业压力认知"是消极的,那么他们就会将引起职业压力的各种因素看作是一种"生活的刁难",并且将自己的处境完全归因于外界的因素,认为自己是没有任何问题的,依然我行我素,不考虑改变自己,不去积极地寻找解决方法。采取这种"消极的避世观"在短期内可能不会感受到职业压力对他的影响,但是从长期来看,随着"职业压力"的加重,生活中各种琐碎事物的困扰,最终的结果就是内心矛盾的加剧,虽然采取逃避的态度去面对职业压力,但是高校青年教师逃避不了个人的挫败感,这样一来,其身心健康会遭受到极大地影响。

2.应对方式

应对方式是个体在成长过程中逐步习得的,它作为一种认知行为方式在不断地丰富、不断地趋于有效和成熟。从本质上看,应对是个人在压力状态下的自我调节,包括认知、情绪和动机的行为反应。压力应对有多种类型,例如积极地或逃避地应对、解决问题的和调整情绪的应对、斗争应对和预防应对等。其中积极地应对包括有积极认知、乐观面对问题、寻求信息、寻求社会支持等,解决问题的应对包括有寻求支持、与他人探讨问题解决方法、设法消除压力源等。与职业压力认知的性质相似,个人应对方式也会影响个体所感受到的压力强弱,积极地、合理地应对方式会极其有效地降低职业压力对高校青年教师的影响。例如,当高校青年教师对自己课题项目的创新点苦苦思索无果时,可以通过做运动、听音乐等方式放松高度紧张的大脑,从而释放自己的压力,重新思考。而如果采用不适当的方式,可能够释放的仅仅是身体上的压力,而不是影响更为深刻的精神压力和心理压力。

3.社会支持程度的高低

社会支持程度是高校青年教师在面对职业压力时所能从社会关系中得到支持的程度。例如,当高校青年教师面对职业压力时,以向朋友倾诉的方式释放自己内心的压力。根据职业压力的工作要求——控制理论,社会支持的高低对个体的压力感强度有重要的影响。通过这个理论本书可以得出以下结论,如果一个高校青年教师的社交能力较好,拥有诸多好友,那么当其陷入"高职业压力"的泥潭中时,由好友组成的社会支持网络会将他从"泥潭"中拽出来。例如,与身边的朋友一起聚会,在欢乐的氛围中释放自己的压力,或者找知心好友倾诉自己所承受的压力。总而言之,当个人所能借助的社会资源支持的时候,其所感受到的压力程度会大大降低,而如果个人所能依靠的社会支持资源极其有限时,在个人职业压力提高的同时,其所受到来自职业压力的伤害会变得更大,实际感受到的压力程度会倍增。

以上三个方面就是个人调节压力能力弱的具体表现。综上,个人调节能力强,职业压力对高校青年教师所造成的影响就小;个人调节能力弱,职业压力对高校青年教师所造成的影响就大。

(四)家庭生活压力大

职业发展会随着人的年龄与所担负的家庭、组织、社会角色的不同而发生改变,对许多人来说,职业发展都将经过五个阶段,即探索期、适应期、创新期、维持期和衰退期。高校青年教师处于五个时期中的初级阶段,即探索期,在这个时期内,大多数高校青年教师的职业生涯呈现出以下几个特点:薪酬待遇水平低、职称低、晋升难等。同时,教师的职业生涯压力现象可以划分为高压期、缓压期和低压期三个阶段。40岁以下的青年教师,教学压力、科研压力和经济压力达到峰值,处于高压期,而且经济压力居于主要地位并且大于教学压力和科研压力。从以上观点可以看出,虽然在高校里工作,但是青年教师们的工资待遇低、经济压力大,而这种所需与所得之间的巨大差距则集中体现在家庭生活压力大,而家庭生活压力大是来源于多个方面的。

1. 住房压力

自1998年开始,我国高校不再实行福利分房制度,取而代之的是货币化分房。同时,高校在招聘新入职的教师时也不再提供住房以及相应的优惠政策,能够提供的租住公房与周转房的数量也十分有限。同时,地方高校青年教师还面临一个尴尬的困境,就是无法申请经济适用房与廉租房,因为他们不属于贫困阶层。因此,大部分青年教师只能被迫地选择购买商品房或者在外租房。而地方高校青年教师因入职不久工资不高,没有足够的经济积累,同时商品房的价格高得令人却步,因此,想要拥有一套属于自己的房子比较困难。在这种情况下,部分地方高校青年教师不得不成为"房奴",为了早日偿清房贷而奋斗,甚至还做起兼职。如果地方高校青年教师是单身,那么在外租房是一个比较合理的选择,因为一方面相对于买房来说,租房的经济压力更小,另一方面是可以进行经济积累,以期未来能够有足够的资金买房。但是,大部分高校教师在入职时就30岁左右了,已经处在了适婚年龄,一旦他们进入到谈婚论嫁的阶段,他们对房子的需求就会更大。

2. 子女教育

对已婚的高校青年教师来说,在子女教育问题方面所花费的金钱也是极大的。高校青年教师接受了高等教育,更能够深刻地理解优质教育对人未来一生的影响。因此,即便是在工资待遇低的情况下,他们依然不会降低在子女教育方面的投资。为了支撑这种高成本的生活,高校教师不得不为了增加收入而绞尽脑汁。在高校中,能够比较直接增加工资收入的渠道就是增加课程安排和承接课题。增加课程安排可以提高自己的课时费,但是增加课程安排对高校青年教师来说并不轻松,因为要提前备课,对教学方式进行创新等;拼命承接各种课题是通过科研项目经费来获取收入,虽然收入的提升是巨大的,但是脑力劳动的成果和付出的努力并不成正相关的关系,因此高校青年教师不得不为此进行超出自己本身承受范围的工作。如此一来,高校青年教师的精神状态是一直紧绷的。同时长期的劳累,也导致了很多严重的健康问题,例如,经常性的失眠、记忆力减退、腰椎间盘突出、脱发,甚至有些青年教师过早患上了心脏方面的疾病,对自己的生命造成了严重的威胁。

3. 赡养父母

对刚入职的青年教师来说,他们肩上的责任是很重的。除了要对自己的家庭负责外,也要对自己的父母负责。在我国,虽然近几年机构养老有了一定的发展,但是我国主流的养老方式依然是居家养老。老年人患慢性病的风险较高,治疗这些慢性病的成本又很高,对青年教师来说,为父母提供经济支持,是作为子女的赡养义务。如果将父母送到专业的养老机构,虽然生活照料的成本降低了,但是要向养老机构支付费用,而且公办养老机构的服务质量高但数量少,民办养老机构的服务略逊于公办并且费用高。

综上,地方高校青年教师所承受的家庭生活压力主要来自住房、子女教育投资,以及承担赡养父母的义务。当然,对高校青年教师来说,所面对的家庭生活压力还不仅仅这些。而这些压力的最终结果就是高校青年教师所感受到的压力程度大,长期来看,影响到他们的生命健康。

第二节　职业压力源的实证分析

一、数据来源与变量定义

(一)数据来源

由于新冠肺炎疫情的原因,线下发放问卷的困难较大。因而本书采用问卷星平台,在2022年1月,向吉林省各个地方高校40周岁以下的青年教师发放问卷500份,收回问卷500份,经过筛查,最终确定有效问卷500份,收回率为100%。

(二)变量定义

从地方高校青年职业压力源的理论分析可以得知,影响地方高校青年教师职业压力高的原因是多种多样的。总的来说,可以分为三个维度,即社会压力源、高校压力源、个人压力源。本书在设计问卷时,在三个维度上共设置了30个变量,最后一个是:"您总体上感受到压力程度的大小",用于了解地方高校青年教师整体上感受到的压力强度。从而,进行二元Logistic回归,得出社会压力源、高校压力源、个人压力源的回归结果,阐述每个等距自变量对地方高校青年教师整体所感受到的压力产生的影响。对各个解释变量的赋值如下。

1. 职称评定要求或政策变量

职称评定要求或政策变量是高等教育改革带来的职称评定要求或政策的变动大小,其赋值为改动幅度非常小赋值为1,改动幅度比较小赋值为2,改动幅度一般赋值为3,改动幅度比较大赋值为4,改动幅度非常大赋值为5。

2. 科研氛围变量

科研氛围变量是高等教育改革带来的科研氛围的浓厚程度,其具体赋值为科研氛围浓厚程度非常低赋值为1,科研氛围浓厚程度比较低赋值为2,科研氛围浓厚程度一般赋值为3,科研氛围浓厚程度比较高赋值为4,科研氛围浓厚程度非常高赋值为5。

3. 优秀人才变量

优秀人才变量是高等教育改革引入的优秀人才数量多少,其具体赋值为引入优秀人才的数量非常少赋值为1,引入优秀人才的数量比较少赋值为2,引入优秀人才的数量一般赋值为3,引入优秀人才的数量比较多赋值为4,引入优秀人才的数量非常多赋值为5。

4. 晋升竞争变量

晋升竞争变量是与同层次的同事之间的晋升竞争的激烈程度,其具体赋值为与同层次的同事之间的竞争非常不激烈赋值为1,与同层次的同事之间的竞争比较不激烈赋值为2,与同层次的同事之间的竞争激烈程度一般赋值为3,与同层次的同事之间的竞争比较激烈赋值为4,与同层次的同事之间的竞争非常激烈赋值为5。

5. 同领域竞争变量

同领域竞争变量是与同研究领域的教师之间的竞争的激烈程度,其具体赋值为与同研究领域的教师之间的竞争非常不激烈赋值为1,与同研究领域的教师之间的竞争比较不激烈赋值为2,与同研究领域的教师之间的竞争激烈程度一般赋值为3,与同研究领域的教师之间的竞争比较激烈赋值为4,与同研究领域的教师之间的竞争非常激烈赋值为5。

6. 社会要求和期望变量

社会要求和期望变量是社会对高校教师的要求和期望的高低程度,其具体赋值为社会要求和期望非常低赋值为1,社会要求和期望比较低赋值为2,社会要求和期望一般赋值为3,社会要求和期望比较高赋值为4,社会要求和期望非常高赋值为5。

7. 学生需求和期望变量

学生需求和期望变量是学生对教师的需求和期望的高低程度,其具体赋值为学生的要求和期望非常低赋值为1,学生的要求和期望比较低赋值为2,学生的要求和期望一般赋值为3,学生的要求和期望比较高赋值为4,学生的要求和期望非常高赋值为5。

8. 教学检查活动变量

教学检查活动变量是各种形式的教学检查活动的数量多少,其具体赋值为教学检查活动的数量非常少赋值为1,教学检查活动的数量比较少赋值为2,教学检查活动的数量一般赋值为3,教学检查活动的数量比较多赋值为4,教学检查活动的数量非常多赋值为5。

9. 民主决策变量

民主决策变量是地方高校青年教师内部民主决策参与程度高低,其具体赋值为民主决策参与程度非常高赋值为1,民主决策参与程度比较高赋值为2,民主决策参与程度一般赋值为3,民主决策参与程度比较低赋值为4,民主决策参与程度非常低赋值为5。

10. 行政化程度变量

行政化程度变量是管理体制的行政化程度高低,其具体赋值为行政化程度非常低赋值为1,行政化程度比较低赋值为2,行政化程度一般赋值为3,行政化程度比较高赋值为4,行政化程度非常高赋值为5。

11. 考核结果不公平变量

考核结果不公平变量是因学校对科研与教学的重视程度不一致而产生不公平的考核结果的概率高低,其具体赋值为概率非常低赋值为1,概率比较低赋值为2,概率一般赋值为3,概率比较高赋值为4,概率非常高赋值为5。

12. 绩效指标变量

绩效指标变量是高校现有的绩效指标数量的多少,其具体赋值为绩效指标数量非常少赋值为1,绩效指标数量比较少赋值为2,绩效指标数量一般赋值为3,绩效指标数量比较多赋值为4,绩效指标数量非常多赋值为5。

13. 工作要求变量

工作要求变量是学校对工作结果的质量要求的高低,其具体赋值为质量要求非常低赋值为1,质量要求比较低赋值为2,质量要求一般赋值为3,质量要求比较高赋值为4,质量要求非常高赋值为5。

14. 进修机会变量

进修机会变量是进修机会的多少,其具体赋值为进修机会非常多赋值为1,进修机会比较多赋值为2,进修机会一般多赋值为3,进修机会比较少赋值为4,进修机会非常少赋值5。

15. 申请课题变量

申请课题变量是申请课题的难易程度,其具体赋值为申请课题非常简单赋值为1,申请课题比较简单赋值为2,申请课题难度一般赋值为3,申请课题比较困难赋值为4,申请课题非常困难赋值为5。

16. 教学变量

教学变量是教学任务和要求的数量多少,其具体赋值为教学任务和要求的数量非常少赋值为1,教学任务和要求的数量比较少赋值为2,教学任务和要求的数量一般赋值为3,教学任务和要求的数量比较多赋值为4,教学任务和要求的数量非常多赋值为5。

17. 科研变量

科研变量是科研任务和要求的数量多少,其具体赋值为科研任务和要求的数量非常少赋值为1,科研任务和要求的数量比较少赋值为2,科研任务和要求的数量一般赋值为3,科研任务和要求的数量比较多赋值为4,科研任务和要求的数量非常多赋值为5。

18. 高目标变量

高目标变量是设置高目标的倾向程度的高低,其具体赋值为设置高目标的倾向程度非常低赋值为1,设置高目标的倾向程度比较低赋值为2,设置高目标的倾向程度一般赋值为3,设置高目标的倾向程度比较高赋值为4,设置高目标的倾向程度非常高赋值为5。

19. 知识水平变量

知识水平变量是知识水平的高低程度,其具体赋值为知识水平非常高赋值为1,知识水平比较高赋值为2,知识水平一般赋值为3,知识水平比较低赋值为4,知识水平非常低赋值为5。

20. 学术成果变量

学术成果变量是学术成果数量的多少,其具体赋值为学术成果数量非常多赋值为1,学术成果数量比较多赋值为2,学术成果数量一般赋值为3,学术成果数量比较少赋值为4,学术成果数量非常少赋值为5。

21. 应对能力变量

应对能力变量是面对突发事件,应对能力的强弱,其具体赋值为应对能力非常强赋值为1,应对能力比较强赋值为2,应对能力一般赋值为3,应对能力比较弱赋值为4,应对能力非常弱赋值为5。

22. 工作环境变量

工作环境变量是对日常工作安排的熟悉程度,其具体赋值为对日常工作安排非常熟悉赋值为1,对日常工作安排比较熟悉赋值为2,对日常工作安排一般熟悉赋值为3,对日常工作安排比较不熟悉赋值为4,对日常工作安排非常不熟悉赋值为5。

23.行动能力变量

行动能力变量是实践和执行的能力的强弱,其具体赋值为实践和执行的能力非常强赋值为1,实践和执行的能力比较强赋值为2,实践和执行的能力一般赋值为3,实践和执行的能力比较弱赋值为4,实践和执行的能力非常弱赋值为5。

24.调节方式变量

调节方式变量是通过运动、听音乐等方式调解压力的概率的高低,其具体赋值为概率非常高赋值为1,概率比较高赋值为2,概率一般赋值为3,概率比较低赋值为4,概率非常低赋值为5。

25.态度变量

态度变量是面对压力时,采取不回避的态度的可能性的高低,其具体赋值为采取不回避的态度的可能性非常高赋值为1,采取不回避的态度的可能性比较高赋值为2,采取不回避的态度的可能性一般赋值为3,采取不回避的态度的可能性比较低赋值为4,采取不回避的态度的可能性非常低赋值为5。

26.倾诉对象变量

倾诉对象变量是面对压力,能够倾诉的对象的数量多少,其具体赋值为能够倾诉的对象的数量非常多赋值为1,能够倾诉的对象的数量比较多赋值为2,能够倾诉的对象的数量一般赋值为3,能够倾诉的对象的数量比较少赋值为4,能够倾诉的对象的数量非常少赋值为5。

27.家庭支出变量

家庭支出变量是家庭支出的金额大小,其具体赋值为家庭支出非常少赋值为1,家庭支出比较少赋值为2,家庭支出一般赋值为3,家庭支出比较多赋值为4,家庭支出非常多赋值为5。

28.赡养义务变量

赡养义务变量是承担赡养老人的义务的大小,其具体赋值为承担赡养老人的义务非常少赋值为1,承担赡养老人的义务比较少赋值为2,承担赡养老人的义务一般赋值为3,承担赡养老人的义务比较多赋值为4,承担赡养老人的义务非常多赋值为5。

29.购房变量

购房变量是购置房产的负担大小,其具体赋值为购置房产的负担非常小赋值为1,购置房产的负担比较小赋值为2,购置房产的负担一般赋值为3,购置房产的负担比较大赋值为4,购置房产的负担非常大赋值为5。

被解释变量为您总体上是否感受到职业压力,其具体赋值为无职业压力赋值为0,有职业压力赋值为1。

二、模型构建

（一）二元 Logistic 回归模型的适用性分析

由于本书研究的内容是探究社会压力源、高校压力源、个人压力源对地方高校青年教师职业压力是否产生影响。因此，本书采用二元 Logistic 回归模型。区别于多元有序 Logistic 回归模型，二元 Logistic 回归模型适用于被解释变量是二分类的，例如，要研究某一种疾病是否发生的影响因素，在这种情况下，这种疾病只有发生与不发生这两种情况，这就是因变量的二分类，最终的研究结果是哪些因素导致了疾病的发生。而本书的被解释变量是二分类的。在"您总体上感受到的压力程度"问题中，本书设置了两个选项，分别为"无职业压力"和"感受到职业压力"，并且分别赋值为 0 和 1。与多元 Logistic 回归相比，二元 Logistic 回归并不能研究是什么因素导致了病情的加重，而本书的主要研究内容是探究是什么因素导致了地方高校青年教师职业压力的产生。至于是什么因素导致了地方高校青年教师职业压力程度的加重，则是本书后续研究的主要内容。因此，本书使用二元 Logistic 回归模型阐述导致地方高校青年教师职业压力产生的危险因素。

（二）二元 logistic 回归模型的优势

二元 Logistic 回归的优点在于：

①二元 Logistic 回归模型对预测变量没有要求，解释变量可以是连续变量，也可以是离散变量或是虚拟变量，也不需要假设它们是正态分布的；

②二元 Logistic 回归模型的线性形式保证了概率值在有意义的区间内取值；

③二元 Logistic 回归模型的被解释变量是一个二分类变量，这个变量只能取 0 或 1 两个值来代表某个事件是否发生。

（三）使用二元 Logistic 回归模型的注意事项

在使用二元 Logistic 回归模型时，一定要检测数据是否存在多重共线性，多重共线性是指线性回归模型中的解释变量之间由于存在精确相关关系或高度相关关系而使模型估计失真或难以估计准确。因此，一旦在二元 Logistic 回归模型中出现多重共线性，会给数据分析带来严重的后果，其具体表现如下。

多重共线性的出现会对 Logistic 回归模型造成以下三个方面的影响：

①Logistic 回归模型一旦出现多重共线性就会使模型中参数估计值的方差和标准差变大，导致参数估计值不能通过检验；

②可能会造成 Logistic 回归模型中原本重要的解释变量被忽略；

③Logistic 回归模型的经济含义可能会变得不符合实际，变量的显著性检验和模型预测功能的准确度降低，从而大大影响 Logistic 回归模型的估计效率。

下面介绍几个 Logistic 回归模型中，检验多重共线性的方法。

①相关矩阵检验一般是利用 Pearson 相关矩阵来检验 Logistic 回归模型的多重共线性，其检验结果是解释变量两两之间的相关系数矩阵。其具体操作方法是将相关系数矩阵中的每个相关系数进行比较，如果相关系数的绝对值高于 0.8 或 0.9，那么就代表着该相关系数所对应

的变量存在着多重共线性。目前,这种检验方法被广泛应用在计量经济学的研究上。

②方差膨胀因子(Variance Inflation Factors,VIF)通过检查指定的解释变量能够被回归方程中其他全部解释变量所解释的程度来检测多重共线性。目标函数中的每一个解释变量都与之对应一个 VIF 值。该值是关于多重共线性使相应的系数估计值的方差增大了多少的一个估计值。VIF 值越高,则表明由于多重共线性使系数估计值的方差增大,从而产生一个减小的 t 值。一般认为 VIF > 10 作为存在严重多重共线性的标准。

③条件指数(Condition Index)又称条件数(Condition Number),是用以判断模型是否存在多重共线性的指标之一,结合相关矩阵检验结果进行判断,通常认为大于 10 即存在多重共线性,大于 30 表明存在严重多重共线性。

(四)二元 Logistic 回归模型的实证模型

本书将地方高校青年教师的总体压力程度作为被解释变量。在阅读相关国内外的文献之后,本书选取社会压力源(social stressors,SS),高校压力源(college stressors,CS)和个人压力源(personal stressors,PS)等 3 类 29 个变量作为影响地方高校青年教师职业压力程度强弱的影响因素。据此建立地方高校青年教师职业压力程度的影响因素实证模型为

$$y = f(SS,CS,PS) + \mu \qquad (5-1)$$

在式(5-1)中,μ 为随机扰动项,反映无法观察到的其他影响因素。y 为地方高校青年教师的总体职业压力,分别为"无职业压力"和"有职业压力",并且依次赋值为 0 和 1。

(五)二元 Logistic 回归模型的选取

由于被解释变量"地方高校青年教师的总体压力"的选项是二分类的,故采用二元 Logistic 回归模型。该模型的表达形式如下:

$$\ln\left(\frac{p}{1-p}\right) = \beta_0 + \beta_1 f_1 + \beta_2 f_2 + \beta_3 f_3 + \cdots + \beta_p f_p + \varepsilon \qquad (5-2)$$

在式(5-2)中,p 表示地方高校青年教师职业压力是否发生,$f_1,f_2,f_3,\cdots,f_p$ 为自变量,$\beta_1,\beta_2,\beta_3,\cdots,\beta_p$ 为各解释变量对应的回归系数,为常数项,ε 为随机干扰项。

三、定量分析

(一)定量分析的研究思路

由于本书的数据变量较多,为了方便处理,根据理论分析,通过计算变量的操作方法,按照理论分析的内容逐步进行合并,最终得到 11 个变量。下一步进行因子分析,因子分析是将多个实测变量转换为少数几个综合指标(或称潜变量),它反映一种降维的思想。通过降维的方法将相关性高的变量聚在一起,从而减少需要分析的变量的数量,减少问题分析的复杂性,进而提取出几个主成分。接下来,本书将要进行二元逻辑回归,将通过降维的方法得到的主成分带入二元逻辑回归模型,从而得出本书的研究结论。最后一步,将对二元逻辑回归的结果进行解释。

(二)因子分析

在 SPSS 中,通过分析 - 降维 - 因子,得到以下结果。

KMO 检验统计量表明变量间的偏相关是否足够强。巴特利特球形度检验则用于判断相关矩阵是否为单位矩阵。其结果如表 5 – 1 所示。

表 5 – 1　KMO 和巴特利特球形检验

KMO 取样适切性量数		0.75
巴特利特球形度检验	近似卡方	403.49***
	自由度	55

注:"*"代表显著性水平 $P \leqslant 0.05$;"**",代表显著性水平 $P \leqslant 0.01$;"***"代表显著性水平 $P \leqslant 0.001$。

从表 5 – 1 中,可以明显地看出,巴特利特检验的 P 值是 0.00,也就是说拒绝各变量独立的假设及变量间具有较强的相关性。同时,KMO 检验统计量为 0.75,说明各变量间信息的重叠程度尚可,应该有可能得出较为满意的因子分析模型。

如表 5 – 2 所示,各变量中所含的原始信息能被提取的公因子代表的程度,可以看到大部分变量的信息提取比例都在 50% 以上,因此,按照默认数量提取出的这几个公因子对大多数变量的解释能力是较强的。

表 5 – 2　公因子方差

变量	初始	提取
高等教育改革	1.00	0.71
社会竞争	1.00	0.63
社会期望	1.00	0.78
高校组织管理	1.00	0.68
高校绩效考核制度	1.00	0.72
高校晋升	1.00	0.58
高校教学科研任务	1.00	0.61
期望与现实差距	1.00	0.51
工作经验不足	1.00	0.78
个人调节能力	1.00	0.66
家庭生活压力	1.00	0.39

如表 5 – 3 所示,第一个主成分的特征值是 4.42,代表第一个主成分携带了 4.42 个原始变量的信息,第一个主成分的方差占所有主成分方差的 40.21%。第二个主成分携带了 1.59 个原始变量的信息,第二个主成分的方差占所有主成分方差的 14.41%。第三个主成分携带了 1.05 个原始变量的信息,第三个主成分的方差占所有主成分方差的 9.54%。前三个主成分的累计方差贡献率达到了 64.16%。因此使用前三个主成分可以较好地反映出地方高校青年教师职业压力的情况。

表5-3 总方差解释

成分	初始特征值			提取载荷平方和			旋转载荷平方和		
	总计	方差 占比/%	累计/%	总计	方差 占比/%	累计/%	总计	方差 占比/%	累计/%
1	4.42	40.21	40.21	4.42	40.21	40.21	3.02	27.47	27.47
2	1.59	14.41	54.62	1.59	14.41	54.62	2.24	20.32	47.79
3	1.05	9.54	64.16	1.05	9.54	64.16	1.80	16.37	64.16
4	0.92	8.35	72.51	—	—	—	—	—	—
5	0.79	7.19	79.70	—	—	—	—	—	—
6	0.51	4.67	84.37	—	—	—	—	—	—
7	0.47	4.27	88.64	—	—	—	—	—	—
8	0.46	4.14	92.78	—	—	—	—	—	—
9	0.35	3.18	95.97	—	—	—	—	—	—
10	0.30	2.72	98.68	—	—	—	—	—	—
11	0.15	1.32	100.00	—	—	—	—	—	—

碎石图用于显示各因子的重要程度,其的横轴和纵轴分别为因子的序号和特征值。它以各个因子的特征值大小作为依据,将各个因子进行排列。因此,我们可以直观地从图中看出哪些因子是起到重要作用的。以特征值1为标准,我们可以看出前三个因子在"陡坡"上,这代表着前三个因子的作用较为明显(图5-1)。而后面的因子特征值都小于1,代表着其作用较弱,因此本书选取前三个因子较为合理。

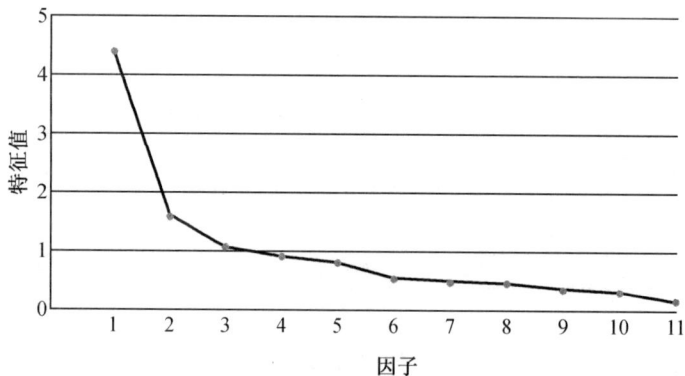

图5-1 碎石图

如表5-4和表5-5所示,从旋转后的载荷结果中可以看出,第一个公因子在教育变革、社会竞争、高校绩效考核、高校教学科研、高校晋升这些反映地方高校青年教师职业压力情况的指标上有较大的载荷。因此,将第一个因子命名为"职业属性压力源"。第二个因子在高校组织管理、社会期望、家庭生活压力上有较大的载荷。因此,本书将其命名为"混合压力源"。第三个因子在工作经验、个人调节能力、自我期望方面有较大的载荷。因此，本书将其命名为"个人属性压力源"。与被旋转前相比，旋转后各因子的意义更加明确和合理，也更有利于对数据进行解读和应用。

表5-4　旋转前的成分矩阵

变量	成分		
	1	2	3
高校绩效考核	0.84		
社会期望	0.84		
高校教学科研	0.78		
高校晋升	0.75		
社会竞争	0.68		-0.31
教育变革	0.62		-0.53
自我期望		0.71	
工作经验	-0.53	0.69	
个人调节能力	-0.44	0.64	
高校组织管理	0.58		0.58
家庭生活压力	0.41		0.45

表5-5　旋转后的成分矩阵

变量	成分		
	1	2	3
教育变革	0.84		
社会竞争	0.78		
高校绩效考核	0.67	0.47	
高校教学科研	0.59	0.47	
高校晋升	0.53	0.53	
高校组织管理		0.81	
社会期望	0.61	0.64	
家庭生活压力		0.60	
工作经验			0.83
个人调节能力			0.77
自我期望	0.34		0.63

（三）二元 Logistic 回归

在因子分析的基础上，接下来要对三个主成分进行 Logistic 回归分析。为了保证二元 Logistic 回归模型的准确性，将对二元 Logistic 回归模型进行检验。

如表 5-6 所示,可以清楚地看出,$P > 0.05$,接受 0 假设。在霍斯默检验中,0 假设为观测数据和回归模型的拟合状况良好。因而,拒绝了观测数据与回归模型的拟合程度不好的备选假设。该数据结果表明,原始变量之间的关系可以通过二元逻辑回归模型得到真实可靠的结果。

表 5-6　霍斯默-莱梅肖检验

步骤	卡方	自由度	显著性
1	15.24	8	0.06

如表 5-7 所示,可以清楚地看出,Cox & Snell R^2 和 Nagelkerke R^2 值分别为 0.35 和 0.62,同时这两个值越接近于 1,则代表着模型拟合程度越好。

表 5-7　模型摘要

步骤	-2 对数似然	考克斯-斯奈尔 R^2	内戈尔科 R^2
1	35.55	0.35	0.62

如表 5-8 所示,可以看出,条件指数的值虽然超过了 10,但是只有一项超过了 30,这表明,各个变量之间虽然存在共线性,但是其共线性程度并不严重。

表 5-8　共线性诊断

维度	条件指标	X1	X2	X3	X4	X5	X6	X7	X8	X9	X10	X11
1	1.00	0.00	0.00	0.00	0.00	0.00	0.00	0.00	0.00	0.00	0.00	10.53
2	6.85	0.01	0.00	0.01	0.00	0.01	0.01	0.01	0.00	0.08	0.03	0.22
3	14.11	0.39	0.06	0.02	0.08	0.00	0.04	0.00	0.00	0.00	0.00	0.05
4	15.84	0.12	0.01	0.00	0.03	0.04	0.10	0.36	0.03	0.01	0.05	0.04
5	17.79	0.07	0.28	0.15	0.02	0.02	0.07	0.09	0.00	0.06	0.03	0.03
6	19.39	0.16	0.06	0.10	0.04	0.02	0.33	0.00	0.06	0.18	0.19	0.03
7	20.31	0.01	0.14	0.00	0.02	0.03	0.20	0.06	0.03	0.18	0.49	0.03
8	21.62	0.08	0.06	0.01	0.00	0.33	0.01	0.16	0.24	0.23	0.00	0.02
9	23.00	0.13	0.00	0.01	0.10	0.39	0.02	0.25	0.23	0.14	0.03	0.02
10	26.36	0.03	0.16	0.24	0.00	0.10	0.18	0.05	0.10	0.06	0.01	0.02
11	44.12	0.00	0.23	0.46	0.56	0.07	0.04	0.01	0.31	0.06	0.13	0.01

注:X1:高等教育改革;X2:社会竞争加剧;X3:社会期望值高;X4:高校组织管理保障;X5:高校绩效考核制度;X6:高校晋升通道;X7:高校教学科研任务;X8:期望与现实的差距;X9:工作经验;X10:个人调节能力;X11:家庭生活压力。

如表 5 - 9 所示,首先,其显著性 $P<0.05$,因此可以得出结论,"职业属性压力源"中所包含的因子,例如教育变革、社会竞争、高校绩效考核、高校教学科研、高校晋升是地方高校青年教师职业压力发生的独立影响因素。其次,其 $\exp(B)$ 值为 2.63,也就是 OR 值,其为优势比,也就是说,"职业属性压力源"的得分每增加一个单位,地方高校青年教师出现职业压力的可能性就会提升 163%。可以这样理解为在教育变革、社会竞争、高校绩效考核、高校教学科研、高校晋升几个因子中,选择选项"2"的地方高校青年教师出现职业压力的可能性是选择选项"1"的地方高校青年教师出现职业压力的可能性的 2.63 倍。最后,"职业属性压力源"的 B 值为 0.97,是大于"0"的,这代表着"职业属性压力源"对地方高校青年教师产生职业压力具有显著正向影响,也就"职业属性压力源"的得分越高,或者说在教育变革、社会竞争、高校绩效考核、高校教学科研、高校晋升中选择的选项数值越大,地方高校青年教师出现职业压力的可能性越大。

表 5 - 9　估计结果

公共因子	回归系数	标准误差	瓦尔德	$\exp(B)$
职业属性压力源	0.97*	0.43	5.16	2.63
混合压力源	1.41*	0.56	6.34	4.10
个人属性压力源	-1.85***	0.55	11.31	0.16
常量	3.33***	0.71	21.74	27.85

注:"*"代表显著性水平 $P\leqslant0.05$;"**"代表显著性水平 $P\leqslant0.01$;"***"代表显著性水平 $P\leqslant0.001$。

在"混合压力源"中,首先,其显著性 $P<0.05$,意味着拒绝原假设,接受备选假设,也就是"混合压力源",即高校组织管理、社会期望、家庭生活压力对地方高校青年教师职业压力的产生具有显著正向影响。其次,$\exp(B)$ 值为 4.10,可以得出结论,"混合压力源"的得分每增加一个单位,地方高校青年教师出现职业压力的可能性就会提升 310%。最后,"混合压力源"的 B 值为 1.41,其意味着"混合压力源"对地方高校青年教师出现职业压力具有显著正向影响,也就是说,高校组织管理保障越弱、社会期望越高、家庭生活压力越大,地方高校青年教师出现职业压力的可能性越高。

在"个人属性压力源"中,首先,其显著性同样小于 0.05,拒绝了"个人属性压力源"对地方高校青年教师职业压力的产生无显著性影响的原假设。其次,$\exp(B)$ 值为 0.16,可以据此得出结论,"个人属性压力源"的得分每增加一个单位,地方高校青年教师出现职业压力的可能性就会降低 84%。最后,"个人属性压力源"的 B 值为 -1.85,其 B 值小于 0,因此,"个人属性压力源"中所包含的因子,工作经验、个人调节能力、自我期望,对地方高校青年教师出现职业压力具有显著负向影响。这里需要说明,在自我期望这个变量中,是通过设置高目标倾向,知识水平和成果数量三个变量合并得到的,因此,从总体上看,自我期望变量的定义与赋值与知识水平和成果数量的定义与赋值大体趋同。也就是说,高校晋升的通道越有限、个人调节能力越弱、自我期望越高,地方高校青年教师就越容易出现职业压力。

第三节 职业压力产生的原因分析

一、社会认知存在偏差

社会认知存在偏差是地方高校青年教师职业压力产生的第一个原因。高校青年教师的社会认知偏差是指由于受到传统高校教师的刻板印象的影响，而忽略了某一部分群体的特征，将这种刻板印象强加到这一群体，使这种刻板印象适用于整个群体，从而造成社会对某个群体产生认知与实际情况之间的错位。

首先，本书要讨论的是高校青年教师的刻板印象。由于受到传统观念的影响，教师在我国民众心中的地位和形象是极其伟大的，在我国更是有着"尊师重道"的传统美德，体现出人们对教师的尊重。在整个教师的群体中，高校青年教师是比较特殊的一个群体，其特殊在以下三个方面：

①高校青年教师被贴上了"高级知识分子"的标签，因为近些年高校招聘教师的标准提高，尤其是针对学历层次设置了较高要求，因此高校青年教师绝大多数是具有高学历的博士；

②高校青年教师的教学对象是成年人，区别于未成年人，他们有复杂的心理活动，同时也有多种层次的需求；

③受到我们社会传统思想的影响，学校在人们心中是一个神圣的地方，因为学校是"教育"在现实生活中最直接的"化身"和"载体"，所以人们对学校充满崇敬，同样也对在高校中任职的教师报以尊敬。

因此，这种对高校青年教师的高社会认知就造成了社会对这个群体的要求极为苛刻，甚至高于高校教师整个群体。这一高社会认知覆盖了以下方面。

1. 伦理道德

由于受到传统教师形象的影响，再加上高校青年教师群体的特殊性，社会大众对高校青年教师的道德水平的要求极高，例如，要求他们具有对学生负责、无私奉献、为人师表、教书育人等道德素养。

2. 学术能力

大多数高校青年教师是具有高学历的博士，他们被认为是年少有为的群体，因此学校对其学术能力方面更是被给予厚望，认为青年教师有着巨大的学术潜力。

3. 个人生活方面

无论是言谈举止、待人接物、为人处世方面，还是服装外表、兴趣爱好方面，都要与自己的职业相互配套。

首先，社会对高校教师的要求是很高的，而对高校青年教师的要求则更为苛刻。如果这种高社会认知能够与高校青年教师的薪资待遇、职称评审、学术权力等相互匹配，那么高校青年教师的职业压力可能就不会那么大。但是，这两者之间并不匹配，这种错位给高校青年教师带来了极为沉重的压力。

其次,高校青年教师地位与角色的变化。随着日新月异的科技变革和经济社会的迅猛发展,高校青年教师的角色和地位也发生了根本性的变化。相关研究表明,个体心理会受到社会变迁和科技进步的影响,这些影响主要包括个体会感到焦虑、迷失,甚至是导致个体的不道德行为。社会变迁加剧了个体出现焦虑感的可能性,也增加了个体的不确定性,其结果会导致个体自我认同感和安全感的下降。同时,冲突论认为压力的根源在于社会的不稳定关系、贫穷、无助以及社会资源与权力的缺乏。从以上观点可以得出近些年的高等教育改革以及相关职称评审政策的巨大变动给高校青年教师带来了较为沉重的压力。在今天,工业与学术界之间的联系更为紧密,也正是如此,使得学术界不再是孤立的个体,也不再以追求精英教育为目的,而是变得世俗化,积极地融到整个社会中。正是这一变化,高校的工作条件与社会接轨,与社会上其他职业的工作条件趋同,这一变化的后果是,刚入职的青年教师的工资待遇与社会上其他职业刚入职的新员工的待遇差距不大。同时,这种变化带来的另外一个后果是教师社会地位的下降,随之而来的心理落差会带给他们一种职业上的挫败感,进而使他们产生职业压力。与此同时,高校教师的角色也发生了改变,在传统的教育体系中,教师负责教,学生负责学,教师负责授,学生负责收,换句话说,教师扮演的是知识传授者的角色,学生扮演的是知识接受者的角色。而现在,如果用企业管理的语言来说,就是高校教师的角色是"服务者",为学生提供帮助,负责引导学生,而学生则成了"客户"。这对高校青年教师来说,重新精准定位新型师生关系是非常困难的,在这种背景下,高校青年教师要面临着学生的评价,如果不合格,还会有相应的管理办法,这对刚入职不久、经验不足的青年教师来说是压力巨大的。

综上,高社会认知和低高校青年教师现状之间有着悬殊的差距。现状包括高校青年教师的工资水平低,晋升要求严格,社会地位下降等。而高社会认知并没有考虑到上述因素。因此,社会认知偏差是造成高校青年教师职业压力大的原因之一。

二、高校教育教学管理缺位

高校教育教学管理缺位也是造成地方高校青年教师职业压力大的重要原因,主要有以下三个方面。

(一)高校教学与科研的任务重

由于高等教育改革,学校为进入"双一流"而积极备战,高校增加录取名额数量,学生人数增多。但是,来自科研和教学方面的压力并没有直接作用到高校本身,而是压力下移落到了高校教师的身上。在整个高校教师的群体中,青年教师的职称、工资待遇和福利水平低,所以不得不接受更多的教学任务,以期用工作时间来获得更多的课酬,从而弥补较低的工资待遇。因而教学任务又一次发生了压力下移,在承担沉重的教学任务的同时,高校青年教师又要为此做准备工作,例如,投入大量时间进行备课,想方设法地研究更新颖、更能让高校学生所接受和欢迎的教学方法、创新自己的教学内容、提高自己的课堂质量等。因此,高校青年教师的工作处于一种"超额"的状态,在校的工作时间完全不够,这就导致了高校青年教师在休息日也要工作。但是,人的时间和精力是有限的,教学任务的完成已经占用了很多时间和精力,所以,留给科研的时间就被大幅度缩短了。而科研任务的显著特点在于其本质上是一种脑力的劳动,它给高校青年教师带来的"超负荷"比体力劳动所带来的"负荷"要大得多,而且这种"超负荷"还会给身体带来负面影响。同时,科研任务还要求"高创新性",简而言之,就是不做无用功,不做已经做过的工作,要有自己的创新点。而创新点所要耗费的时间和精力是极其多的,并且即使地方高校青年教师付出了大量的时间和精力,也不保证能产出自己的创新点。在这种情况下,高校青年教师在教学任务与科研任务的双重高压之下被迫"超负荷"工作。虽然,科研工作是高校青年教师职业生涯中的重要变量,其科研成果决定了职业生涯的道路是否顺利。这是因为很多高校将科研任务与量化的考核评价体系之间相挂钩,将学校的所有资源大幅度向科研方面倾斜,包括职称评定、职位晋升、评奖评优等。虽然科研任务的负担很重,但是科研项目的门槛也很高,从课题申请到成果产出的过程中有层层的困难。这些困难对于刚入职的青年教师来说,没有相关的经验,在申请阶段就会处处碰壁,更不用说在课题项目的实施过程中所遇到的困难。总而言之,高校的教学任务和科研任务的负担重是导致高校青年教师职业压力大的重要原因。

(二)绩效评估指标标准高与考核体系的不平衡

本书的绩效评估指标标准制度的设计是为了保证和提升高校教师工作成果的产出和工作积极性的提升。适度的标准可以起到激励高校教师的作用,过低的标准会导致资源的浪费。近些年来,随着教育变革的深入,高校也提升了高校教师绩效评价指标的标准,同时也提高了对高校教师的要求。这种考核指标的高要求不仅体现在数量上,例如,课时的数量,申请到的课题、项目的数量,同时,还要求其保证产出成果的质量。压力的提升,会降低高校青年教师工作的效率,当压力过大时,会出现对工作的倦怠。这种高标准的高校教师绩效评价指标主要由两个部分组成。一是教学,其主要影响因素为学年总课时数量的多少,学生对高校教师教学质量和效果的评价结果,以及听课老师对高校教师的评价等。二是科研,其主要的影响因素是科研经费和已发表论文的数量,申请到的项目或者课题等级的高低等,同时针对科研成果也设置了一些特定的要求,例如发表论文的期刊等级。极度失衡的考核体系也是造成高校青年教师职业压力大的重要原因。如前文所述,近些年高校将量化的考核评价体系中科研的权重大幅度提升,虽然体现了对科研工作的高度重视,但是却忽略了教学也是高校的重要部分。而这一不平衡的考核体系带来的后果是对部分高校青年教师考核结果的不公平,例如,对教学工作热爱的高校青年教师,其最后的考核结果没有只做科研,而教学一般的高校教师的考核结果高,高校迫使教学是强项的高校青年教师从事其不感兴趣的科研活动,最终的结果就是使教师失去了工作的热情,导致地方高校青年教师产生职业压力。

(三)权力体系的不平衡

在高校中,权力体系主要为学术权力和行政权力。1960年,著名学者 Raven 提出了一个核心观点,他认为在高校中,高校教师拥有的合法权利应该是随着其职位变高而变大,同时高等教育的等级结构也应该依托于此而建立起来,这一观点就是权力类型学。也就是说高校教师所具有的学术权力应该在整个高校中起到主导的作用。但是事实并非如此,更多的情况是行政权力主导。因此,长期以来高校与教师之间的联系是一种任务型的关系,高校负责分发任务,高校教师负责完成任务,这种行政化的体制,会导致高校组织内部缺乏人情味。对青年教师来说,受到管理体制的影响,他们的地位使他们无法参与到学校的管理工作,因而被剥夺了表达的权利和利益欲求的机会。而青年教师由于缺乏决策的参与权,无法表达自己的需求,感觉自己无法决定和控制自己所产生的挫败感会给他们带来较大的压力。

三、个体特质差异

个体情况具有差异性导致了个体压力源的产生。下面将阐述造成个体压力源的三个原因。

(一)经济压力大

经济压力大主要体现在两个方面,即地方高校青年教师的收入水平低和消费水平高之间的矛盾。根据相关研究表示,地方高校青年教师所能获得的实际薪资不能满足其日常生活的需要,二者之间悬殊的差距甚至导致高校青年教师跳槽。而高校青年教师是一个面临着高消费的群体。大部分高校青年教师都是博士,他们在毕业时候年龄就在30岁左右。同时,这一年龄也正处于适婚年龄,高校青年教师又是一个较为稳定的职业,在这个基础上,高校青年教师会在就职不久后考虑谈婚论嫁。但结婚的成本是十分高昂的,具体体现在购房方面。随着经济社会的发展,商品房的价格对入职不久的青年教师来说是可望而不可即的。除此之外,结婚之后还要面临着购置私人汽车。因此,高校青年教师在结婚之后,很有可能面临着房贷和车贷的双重经济压力。与此同时,高校青年教师结婚之后,就需要承担生育成本,例如,购买奶粉、健康保障支出等方面。随着年龄的增长,高校青年教师还要为了让子女获得高质量的教育,在子女的教育方面进行投资。除此之外,他们还需要承担赡养父母的责任和义务,在这一方面,其主要是为父母的健康保障以及生活费用进行支出。纵看整个过程,对高校青年教师来说,各方面的支出是不断增多的,另外工资的增长速度远远不及支出的增长速度,这就造成了地方高校青年教师承受着巨大的经济压力。虽然,近些年高校教师的工资水平和福利待遇有了较为明显的提升,但是由于存在社会认知的偏差,外界人士认为高校青年教师的工资水平相对其他行业来说比较高。然而,事实并非如此,高校青年教师工资水平和福利待遇的提升与其所承受的职业压力程度相比是差距悬殊的。并且,高校教师的工资高低取决于年龄、教学时间长短、职称高低等多方面因素,而高校青年教师在以上三个条件中都处于劣势。因此,他们的实际收入相对有一定职称和教学年限的中老年教师群体来说是比较低的。

(二)个体能力的欠缺

能力是个体较为稳定的心理品质。个体能力包含着诸多方面,主要包括学历、管理、人际交往、情绪控制等各方面的能力。个体能力是一个整体,它在应对职业压力中起到了举足轻重的作用。如果个体在某方面的能力不足,会严重影响其他能力的发挥程度。例如,个体的情绪控制能力不强会使他们在面对生活中琐碎事件的烦扰或者职业压力时,陷入一种消极的情绪之中,影响个体在与人交往中影响自己表达能力。由于缺乏对情绪的控制,未能顾虑到说话的对象,进而在进行语言交流中带入自己的情绪,甚至使用具有攻击性的语气,这会严重损害语言交流的效果。虽然通过这种方式,个体会释放自己的情绪,但是随之而来的后果是影响了人际交流,因为个体不能较好地控制自己情绪会导致其他人对他疏远,最终受到损害的是个体的社会交际网络。在这种背景下,当个体陷入"高职业压力"时,无法从社会交际网络中获得社会支持,无处释放的压力会一直积累,进而不断影响高校青年教师。因而任何某个能力的缺失,都会导致其不能采用合适的方式和合适的态度处理职业压力。

(三)个体发展的不确定性

个体发展的不确定性主要体现在个体对自己的职业生涯感到迷茫,这也是导致高校青年教师产生职业压力的重要原因。当高校青年教师进入高校开始工作时,希望自己能够大展拳脚,甚至开始"超额"工作,以期获得更多的工作成果,从而获得更多的晋升机会。实际情况并非如此,即便高校青年教师付出大量的时间和精力,但他们最后所得的成果却极为有限,并不能保证能得到与之努力程度相对应的成果,这就是个体发展的不确定性。尤其是近年来的教育变革,更是加重了高校青年教师个人发展的不确定性。原因在于,一是高校在职称评审的要求变高,二是高校资源向科研方面的倾斜,三是高校晋升的条件极为苛刻。在此基础上,过高的要求会使高校青年教师感觉没有希望达到以上的标准,反而增加了高校青年教师由于个体发展的不确定性造成的心理压力,甚至部分高校青年教师会对自己的职业丧失信心,最终会影响青年教师在工作和科研中的行为,降低其教学工作的质量和丧失对科研工作的热情。更有甚者,会导致地方高校青年教师离职,去企业工作或者创业,这也造成了近年来我国高校青年教师人才队伍不稳定的问题。因此,个体发展的不确定性对地方高校青年教师个体压力源的产生有着极为重要的影响。

第四节　本章小结

本章对地方高校青年教师的职业压力源进了系统分析。首先在理论层面,从社会压力源、高校压力源、个人压力源三个维度阐述地方高校青年教师的职业压力是如何产生的。社会压力源主要表现在高等教育改革进程中的诸多因素,诸如双一流建设、社会竞争加剧、社会期望值高等;高校压力源主要表现在高校组织管理保障不到位、高校绩效考核制度不合理、高校晋升条件严格、高校教学科研任务重等。个体压力源主要表现在期望与现实差距的悬殊、工作经验不足、个体调节能力弱、家庭生活压力大等。其次在实证层面,通过设计问卷、收集数据、分析数据的方法得出数据结果,得到职业属性压力源、混合压力源对地方高校青年教师职业压力的产生具有显著的正向影响,个体属性压力源对地方高校青年教师职业压力的产生具有显著的负向影响,验证了本书在理论分析部分提出的观点。最后根据理论分析和实证分析的结果,分析地方高校青年教师产生职业压力的原因,为后续章节提供理论和实证的双重依据。

第六章　地方高校青年教师职业压力的不良后果

地方高校青年教师职业压力会产生诸多不良后果，进而影响高等教育活动的顺利进行和高等教育的质量。本章主要从地方高校青年教师的身体、心理、社会表征三个角度来介绍职业压力所造成的不良后果，具体包括三个部分，第一部分介绍地方高校青年教师职业压力导致其身体亚健康的表现；第二部分介绍职业压力导致其心理亚健康的表现；第三部分介绍职业压力对其工作能动性、工作能力、事业发展的消极影响。

第一节　职业压力导致的身体问题表征

身体亚健康是指高校青年教师身体上明显感受到的不适。例如，最常见的身体亚健康有：夜里失眠多梦，而白天又感觉昏昏欲睡的不清醒，没有活力，干什么事情都提不起精神；整个人都感觉懒懒的，没有力气。不想活动，能躺就躺，绝不坐着；能坐就坐、绝不站着；感觉身体从上到下哪里都不舒服，但是又说不清道不明具体是怎么不舒服。一些压力过大的青年教师甚至会出现身体莫名的疼痛，然而去医院做检查时，却检查不出具体的疾病，被医生告知并没有疾病时，就会认为自己即使出现这些不适，即使压力过大并不会导致什么严重的不良后果，就会任由此情况发展下去。久而久之，高校教师的整体的机能都会下降，从而会引起抵抗力的下降，最后会导致生理疾病的出现。

相关研究明确表明，如果一个人在很长一段时间内一直处于焦虑、压力较大的情绪中，会加速现有疾病的迅速恶化以及抵抗力的下降，从而引发一系列的生理疾病。最常见的身体亚健康最初的一些症状是发生感冒的概率增多。如果出现了这种情况后仍不注意，任由其发展下去的话，则有很大概率会引发糖尿病、心脏病、胃病、心脑血管疾病、内分泌失调等疾病。所以，当教师们在最开始出现身体亚健康的症状时，就应该加以重视，进行改善。否则躯体亚健康看似在一开始并没有带来很大的影响，并没有造成身体极大的痛苦，但他会通过降低我们的免疫力，进一步危害我们的健康。

教师向来被社会公众认为是一份轻松悠闲、福利好的职业，尤其是高校青年教师，常常是被人们羡慕的对象，甚至很多人认为高校青年教师的教学对象是成年的大学生，定然十分省心，且一年两假，福利好、待遇高。然而，近两年来却时常被媒体曝出高校青年教师因压力过大而猝死的新闻：2021年6月内蒙古工业大学一名青年教师在晚间跑步时突感身体不适，随后被送往医院抢救无效死亡，死亡原因为心源性猝死，年仅29岁。事后据了解，这位年仅29岁的青年教师在事发的前一天曾出现心律异常。并且，其家人称，因这位青年教师在生前担任两个班级的班主任及其实验室主任,所以需要处理的事情很多,压力也很大,常常是保持随时待命的状态,经常加班工作至深夜十二点,甚至是通宵。因此,这位年仅29岁的高校青年教师的猝死或与其生前经常加班至深夜以及压力过大使其身体出现亚健康(心律异常)有关。

第二节　职业压力导致的心理问题表征

一、出现情绪衰竭

情绪衰竭是指教师们由于工作量或者工作压力过大而使其感到精力殆尽,甚至是感觉到精力被过度透支,导致其出现的一种精疲力尽、衰竭、焦虑、抑郁的一种情绪状态。职业倦怠中的情绪衰竭主要体现在教师情绪上的不佳:精疲力尽、无精打采、焦虑抑郁、有心无力等,还会逐渐导致教师对工作的热情消耗殆尽。具体来说,有以下四种表现形式:

①失眠多梦,夜里休息不好,白天感到困顿和疲劳,浑身无力,做什么事情都提不起兴趣;

②对工作及其身边的人普遍出现排斥或抵触心理,并且总是不由自主地叹气和抱怨,对身边的人和事总是感到不耐烦;

③脾气变得很差,易暴易怒,焦虑烦躁,心里总是感觉压抑着一股莫名其妙的火,但总也发泄不完,导致心理压力更大;

④对自己日常生活和工作中的事情、要处理的事情和在计划之内将要发生的事情总是过度担心和焦虑,一些工作如果按部就班地按计划来做,明明是可以按时完成的;一些在计划之内的事情,一般情况下也不会有太多不可抗因素的阻碍,但是压力过大,情绪衰竭的教师们总是会胡思乱想,多愁善感,过度担心,导致其情绪更加不受自己控制。

同时慢慢地还伴随有自卑、内向、不愿与身边的人交流、沟通、交往的倾向出现。如果出现这些不良的情绪,又没有及时加以排解、舒缓,很有可能会产生抑郁的情绪。

虽然并不是所有工作任务量大或者工作压力大的高校教师们都会出现情绪衰竭的情绪,但是以下两种因素会导致教师们出现情绪衰竭。

(一)高校的考核压力

几乎所有的高校,都会对教师们进行教学任务的考核和教学内容的安排,以及会明确规定高校青年教师们要在有限的时间内完成相应的教学活动。同时,还要让学生对教师授课的效果进行考核评分,而学生评教分数的高低又直接与教师的考核结果挂钩,有的学校甚至采用末位淘汰制。因此,高校教师不仅要在有限的时间内想方设法地在课堂上把所有的知识点全部讲授完毕,还要以一种易于接受、易于理解且幽默风趣的方式讲授给学生,其目的使学生们能够真正牢固地掌握专业知识,并且举一反三,在今后的工作和学习过程中拥有独立思考、独立解决问题的能力。高校教师除了有教学任务上的要求和考核外,还有额外的科研压力,同时,还有来自职务晋升、职称评定等方面的压力。

（二）知识的快速更新

当今社会的发展变幻莫测,新知识、新事物、新理念日益更新且增多,这需要教师们通过及时不断地学习探索,方能掌握更多更新的知识点和理念,达到与时俱进。然而,教师们一方面因教学任务繁重,另一方面因压力过大,不想再徒添负担,就不愿意坚持不断地学习。所以教师授课内容仅依靠早年积累的一些知识和经验,因此,造成了高校教师提升和发展空间有限,常常感到心有余而力不足,随着时间的推移,就产生了教师情绪衰竭的状态。

二、身体呈现去人格化特性

去人格化又叫人格解体,是指个体以一种冷漠、麻木、悲观、不管不顾的消极的态度来对待工作对象。具体来说,是指教师以一种消极、冷酷,甚至是逃避的工作态度来对待工作对象,以及由此造成的一种差强人意的人际关系。例如,不问缘由地就拒绝工作对象提出的一些合理的且是作为教师应当要做的一些工作要求;任由自己不良情绪宣泄,莫名其妙地批评责怪自己的工作对象等。

（一）去人格化特征的表现

1. 教学前备课不充分

在正式授课前,教师要做的一些准备功课,例如撰写教案,安排课堂内容等,这些功课要求教师必须以一种认真负责、严谨细致的态度来充分、详细、系统地准备。但教师出现职业倦怠去人格化的症状时,往往会以一种消极的态度敷衍了事,草草收工。

2. 教学过程不灵活

由前文可知教师在教学前的备课环节是以一种应付心态来完成的,那么其对待教学工作肯定亦是如此。教师往往就按照提前写好的教案或者 PPT 照本宣科,埋头苦读,以一种把教案或 PPT 上的内容读完,这节课就讲授完毕的态度来对待教学任务。

3. 授课时课堂氛围不融洽

在授课过程中,教师不与学生进行任何互动交流,不会把一些学生必须要掌握的基础知识点和一些重点、难点进行主动提问,以观察教学效果。还不会安排一些活跃气氛的小活动,以及一成不变的教学方法和模式,没有任何创新和激情,因此也就导致青年教师们无法调动学生们的学习热情和激发学生们的学习兴趣。

4. 授课时课堂秩序混乱

授课时课堂秩序混乱主要表现为教师对课堂纪律几乎没有任何要求,对学生迟到、早退、不认真听讲、讲话、睡觉等情况视而不见。几乎不会给学生布置课外作业,以巩固相关知识点。即使应学校的硬性要求布置了相关作业,受去人格化的影响,教师也不会去批改学生的作业。对待工作及工作对象完全是一种消极,应付的心态。

（二）去人格化特征产生的影响

1. 职业压力过大,导致其身心俱疲,有心无力

众所周知,教师的职责是教书育人。作为高校青年教师,这项工作要求他们不但要学

识渊博,才高八斗,在教学过程中如鱼得水,还要求高校青年教师们具有极高的道德修养和积极的主动性。换句话说,即要求高校青年教师们做到品德良好,培育学生正确的价值观、世界观,以及要求高校青年教师们学识渊博,成为莘莘学子学术道路上的指明灯。综上所述,高校青年教师不仅有教学、科研压力,还面临着育人的压力。这些职业压力过大往往导致其力不从心,因此就会以一种消极、悲观、冷漠、自私、逃避的工作态度来对待工作。

2.教师消极的工作态度会影响工作的积极主动性,降低学生的学习热情和兴趣

具体来讲,高校青年教师因职业压力过大导致其身体和心理健康都遭受不同程度的困扰,其身心俱疲,情绪不佳,没有动力和热情,或者是没有多余的时间来去认真细致地写教案备课,导致其很有可能教学方式是几年来一成不变,没有任何创新点和激情,对学生们的学习情况和接受能力漠不关心,也就发现不了教学过程中存在的问题;教学方式俗套落后,跟不上随着时代的发展新一代学生的思维和理解能力,学生们也就对此门课程失去了兴趣。教师的负面情绪感染了学生,同样学生消极的学习态度则又反馈给教师,进一步加深了教师的消极怠工心态,由此形成一个恶性循环,进一步加剧了高校教师职业倦怠的去人格化。

三、个人成就感降低

高校青年教师的个人成就感降低是指教师对自己目前的工作取得的成果的评价不高:工作没有成效,对工作提不起兴趣,缺乏冲劲和干劲,感到无能为力。并且个人成就感会随着教师们任教时间的加长而不断降低,最终使他们感觉目前的工作没有丝毫意义,对其完全失去兴趣。众所周知,不论各行各业,任何一份工作,能够使从业者拥有个人成就感,这是极其重要的。个人成就感是比任何物质奖励和精神嘉奖都更有效的催化剂,它能够使教师们积极主动地、自发地、充满热情地、认真负责地完成教书育人的使命。

(一)个人成就感降低的表现

1.性格敏感多疑

如果教师将教学和科研成果看得过分重要,其内心感觉付出与回报不成正比时,就会深深陷入自我怀疑中,情绪还可能会因为其他人的某句话而产生不悦,或是思虑过多,产生与之对立的情绪。

2.出现讨好型人格

高校青年教师很难拒绝同事和领导的要求,即使知道对方的要求不合理或者是超出自己的能力范围也会习惯性地满足对方的需求,他们也许还会在人际交往中没有自己的主见和原则,偏向于盲目地相信他人,看轻自己。

3.恐惧错误出现

例如恐惧得不到学生的反馈,恐惧课堂上可能发生冲突,恐惧对自己不利的考核结果等,这些恐惧使青年教师处在焦虑、回避的状态,更会危害到教学与教师自我的完整性。

4.自我认同度低

高校青年教师可能为避免和同事、上下级发生矛盾,对他人的观点常常不加以思考或论证就盲目认同,而对自己想法和观点经常持否定、质疑态度,并在其中迷失自我。

(二)个人成就感降低的原因

1.个人业绩量不达标

在人部分高校中,部分青年教师们因教学任务和科研项目过多,以及精神压力过大,出现身体亚健康的状况,或是焦虑、暴躁、猜疑、抑郁等心理情绪。更有甚者,没有及时地舒缓排解过大的心理压力,而引发高血压、心脏病、中风等生理疾病。身体和心理的负担对高校青年教师们的生活产生了极大的负面影响,使其抽不出多余的时间和精力,去更好地完成教学任务、科研项目以及学术交流活动。因而就造成了其科研项目无所出,以及职称评定,职务晋升乃至薪资待遇的提升等都受到了极大的阻碍,这就使得青年教师们的个人成就感大大降低。

2.工作对象不认可

高校青年教师因压力过大出现职业倦怠中的情绪衰竭和去人格化的影响,甚至在最基本的教书育人过程中,对待每一次的备课任务以及每一次课堂上知识点的讲解与传授都是以一种不负责任的态度,敷衍了事。教师的一言一行都是学生们学习的榜样,教师的这种教学势必会潜移默化地影响学生们在今后日常生活中的学习态度、生活态度、工作态度。而对专业课失去学习兴趣和不端正的学习态度就造成了学生们课堂听讲不认真,期末考试成绩不理想等情况。学生们的这种学习态度以及成绩不理想的状态更是加深高校青年教师们的个人成就感的降低。

3.改革创新的积极性程度不高

青年教师们因压力过大,往往没有时间和精力去学习和探索新的知识和新的教学方式,这就很容易使得他们出现职业倦怠。日复一日、年复一年的以同一种教学方式给学生们讲授同样的知识点和专业课。周而复始,就造成了高校青年教师们的个人成就感的缺失或是不断降低。

四、精神出现亚健康

教师们因压力过大导致的心理亚健康也被称为情绪亚健康,主要是指介于心理疾病与心理健康之间的一种中间的心理状态。它主要表现为情绪的不稳定:焦虑烦躁,记忆力下降,易暴躁易怒,反应迟钝,注意力不能集中,郁郁寡欢等症状。其中心理亚健康最常见的以及主要的表现为焦虑和抑郁。如果高校青年教师科研压力过大或教学任务过重使其长期处于一种高压状态之下时,就会增加心理负担,使其变得更加容易烦躁、暴躁、焦虑、抑郁、失眠多梦。如果这种负面情绪长期得不到缓解和释放,就会进一步导致生理疾病的产生。

就焦虑而言,一般来说,每个人都会有焦虑,当对没有发生的事情或者没有把握的事情产生担心焦虑是很正常的。但是教师们因压力过大而出现心理亚健康时导致的担心、焦虑倾向往往不同于一般的正常人的担心。这些情绪往往会被当事人放大许多倍,且持续时间较长,甚至会因为这种焦虑的情绪影响其正常的生活规律;就抑郁而言,当教师因压力过大而导致其出现抑郁倾向时,整个人会无精打采,闷闷不乐,感受不到生活的乐趣和精彩,甚至连一些曾经喜爱的事物也不再感兴趣了,曾经拥有的爱好也都无感了,没有工作的动力与生活的活力。然而平时日常生活工作中其领导交予的工作任务以及分内的工作安排也还是能参与完成的,表面看来,似乎并没有因压力过大而产生什么影响,但是效率往往会降低很多。

高校青年教师过大的职业压力,不仅会导致身体亚健康,也可能伴随心理问题的滋长。大多数在大学工作的人认为自己工作压力很大,而学者比其他职业的人更容易患上常见的心理疾病。缺乏工作保障、管理支持以及工作压力较大等问题,都是影响高等教育从业者健康状况的因素。大约37%的学者有常见的心理健康障碍,这与其他职业群体相比比例较高。国内某名牌大学任职的青年教师赵芬表示,高校青年教师的压力很大,白天要给各个班级授课的同时还要处理各种各样的杂事,晚上回家还要看书、备课、写材料和论文,周末还要辅导学生,或是参与一些国内外的学术交流。时常忙得连一天八小时的睡眠时间都保证不了,更不要提每天抽空锻炼身体,增强免疫力了。长此以往就导致其常常处于一种精神不振、疲劳不堪的状态。这位高校青年教师称"因压力过大,一学期有好几个月都处于生病的状态,一直都担心自己会过劳死"。

五、人际交往出现亚健康

人际交往亚健康也叫社交性亚健康,人际交往亚健康主要表现为教师因压力过大不能够很好地处理与学生、同事以及家庭的正常交往。换句话讲就是与社会中各个成员之间关系的不稳定状态,造成教师性格的自卑、冷漠、猜疑等,由此产生被社会抛弃和遗忘的孤独感,从而导致社会人际交往亚健康的出现。这主要是因为教师的压力过大,而又没有及时地加以排解。同时,拒绝与身边的人交流与沟通,使得教师与身边的人慢慢地有了隔阂,继而自发地在自己的内心建筑了一道屏障防线,久而久之地使教师出现了人际交往亚健康的状态。

"师者,所以传道授业解惑也",教师与学生之间的沟通是极其重要的,教师要想真正把知识传授给学生,离不开对学生孜孜不倦地教诲及沟通。而人际交往出现亚健康的教师,已经自发地与学生建立了一道沟通交流的屏障防线。表面上看起来还是能够正常去教室给学生们授课,然而实际上,在给学生进行授课的过程中很有可能只是埋头苦读教案,不会与学生进行沟通和互动,也拒绝接受学生们的反馈。那么,这样的教学效果就会大打折扣。高校青年教师人际交往出现亚健康主要有上下级关系不和谐、同事关系不和谐、师生关系不和谐。其中最典型的表现是师生关系不和谐。

具体来讲,师生关系不和谐会对学生的心理健康造成极大的不利的影响。高校教师一般会通过以下三种途径影响学生的心理健康。

(一)感染学生

感染学生是对学生心理健康最直接、最常见、最普遍的一种影响方式。青年教师因压力过大产生紧张焦虑、易暴易怒、不安、沮丧等负面情绪时,在日常的授课过程以及日常生活与学生的接触过程当中将会以一种无形的方式潜移默化的感染学生。

(二)迁怒学生

高校青年教师因职业压力过大产生易暴易怒的负面情绪,任由自己情绪的宣泄,常常将自己的负面情绪不经意地在授课或日常生活中发泄给学生。

(三)转嫁学生

高校青年教师压力过大,如果找不到合理排解舒缓的方式时,就以一种极端的方式将自己所承受的压力转嫁给学生,以此来减缓自己的职业压力。

同样的,因压力过大出现人际交往亚健康的教师也很难处理好与上下级、同事的关系。处理不好与上下级的关系,就会影响其工作的状态;处理不好与同事的关系,就会影响教学队伍的凝聚力;这是一个恶性循环。因此,因压力过大出现人际交往亚健康的教师,看似其个人和生活并未有太大的波动起伏和坏的影响,但是一步一步地恶性循环却使其生活状态和身体健康状况慢慢地恶化。

第三节　职业压力导致的社会问题表征

一、工作能动性下降

(一)对工作产生应付的心态

高校青年教师因教学任务安排过重或科研项目过多等而产生过大的压力时,其工作的主观能动性会下降,还会产生应付的心态,而这种心态产生的主要原因表现在以下几个方面。

1. 排斥工作

当高校青年教师在工作中感受到压力过大时,这种压力无论是来自教学工作还是科研项目,心理承受能力弱的教师自然而然的产生一定的抗拒和排斥心理。随着时间的推移,如果这种职业压力没有及时得到排解和舒缓,那么很容易会加剧其对身边工作环境的抗拒和排斥,久而久之就会对当前的工作环境以及工作任务产生逃避和应付的心态。随之而来的,便是青年教师对使其产生压力的源头即当前的教学和科研工作失去工作热情,不会再积极主动、认真努力地对待教学这项工作。

2. 身体状况下降

高校青年教师职业压力过大对身体健康和心理健康造成了不同程度的损害,引发一系列诸如心脏病、高血压、中风等生理疾病,以及易暴易怒、焦虑抑郁、情绪不佳等心理方面的情绪。在身心遭受双重影响的情况下,即使高校青年教师即使意愿上兢兢业业、任劳任怨地高质量完成本职工作,但也是有心无力,因此高校青年教师会花费更多的时间调养身体,对本该认真对待的教学工作敷衍了事,只是为了完成学校的硬性指标要求而做表面文章,不会积极主动、充满热情地对待当前的教学工作。

3. 职业道德修养不高

教师通常被誉为人类灵魂的工程师,他们的核心职责是教书育人、为国家培养栋梁之材。教学这项工作也不同于其他任何一项工作,教师对学生的培养不但会影响一个人的三观,性情以及个人长远的发展,甚至还会影响社会的安稳和谐以及一个国家的未来发展。因此,教师这项工作如果单靠制度的管辖以及学校的硬性规定去完成的话,是做不好的。教师这项工作不同于其他工作,它需要教师具有极高的道德修养和健康的价值取向,需要教师具有主观能动性、认真细致、兢兢业业、任劳任怨、不辞辛苦、积极主动、充满热情地完成这份工作。如果高校青年教师自身的道德修养不高,很有可能对当前的工作产生逃避的心态,对当前的教学科研工作敷衍了事。即使高校青年教师拥有较高的道德修养、教书育人的使命感和责任感以及正确的教育价值观,但当其长期处于一种高压环境之下,也会使其健康的价值取向出现偏离,使人的惰性进一步强化,久而久之避免不了会产生消极的应付工作的心态。

(二)终身学习观念淡化

众所周知,高校青年教师是培养学生的重要力量,学生培养质量的提升,离不开高素质的教师队伍,高素质的教师队伍离不开教师个体的持续学习和教师团队凝聚力的提升。要想成为一名合格的高校教师,不仅要在本专业学科内具有丰富的知识储备和扎实的教学功底,还要对其他学科以及公共学科的知识有所了解。只有教师自己首先具备丰富的学识,方可从容自如、游刃有余地解答学生们千奇百怪的问题。作为一名高校教师,如何才能做到这一点呢?答案很简单,它不仅要求教师们拥有坚韧的意志力和不凡的自律能力,更需要教师们具有不断学习的能力和不断提升自我的诉求。俗话说"活到老,学到老",这对于各个年龄段,各个行业中想要不断取得进步、不想被行业淘汰的从业人员来说,都是一种值得学习的态度精神。对知识储备要求更高的教师从业者们来说,这一点显得更为重要。此外,教师队伍凝聚力的形成是要求教师团队中所有青年教师长期不断学习的一个过程,大家共同学习、相互监督、共同成长。高校青年教师作为高校中教师队伍的后起之秀,同时,作为国家未来接班人的指路人,高校青年教师必须学识渊博,见地非凡。同时能够根据时代的变化,更新知识库,及时学习、了解和接受新的知识、新的理念、新的教学方式。高校青年教师必须树立终身学习的观念,与时俱进。然而,在现实情况下却是高校青年教师因压力过大,因身体受到生理疾病的缠绕或者心理受到情绪不佳,焦虑抑郁等的困扰,使其身心俱疲,无法坚持不断地学习;要么因压力过大,任务过重,时间紧凑,抽不出多余的时间去学习和接受新的知识和观念。无论是以上哪种情况都会使得团队中部分高校青年教师与和其他教师的知识更新不统一,后期的工作很难顺利开展,由此就使得教师队伍的学习能力和凝聚力都呈现下降趋势。

(三)引导学生时做不到因材施教

高校青年教师在授课时要面对不同的学生,不同的学生有不同的成长背景、家庭环境,学习能力、天赋,以及各不相同的优点和缺点,高校教师的角色定位要求教师不仅要教授给大学生们专业知识,还要正确的教育和引导学生们的三观、思想,以及发现每名学生的优缺点,发掘出每名学生的潜力,扬长补短——鼓励其发挥长处,及时查漏补缺。例如,某名学生领导能力、为人处世能力很强,或者有意向在今后的工作中从事此方面的工作,高校青年教师可安排其组织班级活动或者担任班干部使其多一些锻炼的机会;如果某名学生在学术方面很有刻苦钻研的动力和韧力,且十分有意向走学术科研的道路,教师就可给其一些鼓励或者指明一些专业方向,帮助其在学术道路上走得更加长远和顺畅;对于班级中那些性格内向、钻牛角尖、心事重,甚至有忧郁倾向的学生,教师更应该加以重视,并通过及时的沟通交流关心这类学生的健康成长。因为近年来大学生违法犯罪事件的增多,引起社会的广泛关注,使人们认识到,大学生刚刚进入大学,又相当于重新进入到一个与之前封闭的学习环境完全不同的小社会之中,其心智尚不成熟,思想还不够健全,如果一旦出现问题得不到外界的及时关注和排解,极易走极端的道路。因此,对于这类学生的这种情况更加需要高校青年教师平时的多多观察,及时关心。总之,无论是以上哪一种情况,都需要高校青年教师抽出更多的时间和精力分给自己的学生进行观察指导。然而,在现实生活中,高校教师往往因为职业压力过大、工作量过多、时间不够用,而分不出过多的时间去观察、了解每一名学生的学习情况、天赋以及心理健康等问题,很难做到在引导学生时依据学生的特点因材施教。

二、事业发展瓶颈增多

(一)妨碍教育教学活动

当高校青年教师职业压力过大时,身体上的严重不适会极大地影响教师的备课效果和授课态度,对正常的教育教学活动产生严重的影响。当高校青年教师长期处于这样一种负面的、消极的情绪面对工作时,会使他们失去自发能动性,无法积极主动、充满热情地去对待。在敷衍应付教学工作时,也相应地妨碍教育教学活动,必然会对青年教师的个人发展造成阻碍。当教师和学生共处同一个环境之中时,不论是好的情绪或是坏的情绪,都是会相互感染的。而在教师给学生授课的过程中,往往是教师占有优先主动权,教师的情绪会极大地感染学生。当高校青年教师因压力过大,情绪不佳时,课堂中会应付敷衍、没有热情,不会和学生进行过多的互动交流,那么就会使学生丧失学习兴趣。当青年教师因情绪过于负面出现易暴、易怒等表现时,还有可能会在课堂上过于严苛,会使学生们处于一种焦虑、紧张、惊慌失措的学习状态中,这会极大地影响教学效果,妨碍正常的教育、教学活动。当高校青年教师因压力过大而身心俱疲,没有多余的时间和精力去坚持不断地学习新知识、新观念、新的教学方式,或者即使想学,但身体状况不允许,使其有心无力。在现实生活中,有很多高校青年教师因长时间处于一种紧张、焦虑、压抑的工作环境之中,并且长时间得不到有效舒缓排解,整个人就会在本就身心俱疲的状态上雪上加霜、日益严重,久而久之就会产生放弃或者逃避现状的心理。对工作不再有激情和热情,也不再有新的想法,更不想去追求新的事物以及付诸实践。每日的工作,也只是敷衍了事,做表面功夫,只是完成一些学校要求的基本的大纲要求,按部就班,草草了事、得过且过,不会再有任何激情和热情去主动学习,也就是产生了所谓的职业倦怠。职业倦怠一旦产生,就使得人变得更加具有惰性,不会再积极主动地学习新的观念、知识、理念,更不会再严于律己,追求进步。当今的社会知识更新瞬息万变,如果作为高校教师,不能够做到坚持学习,严于律己,追求进步,那么日复一日就会导致教师的专业知识与现有的工作大环境不统一、不匹配,这就严重阻碍了教师的专业化发展,形成地方高校青年教师事业发展的能力瓶颈。

（二）阻碍教师的学术交流

高校青年教师要想真正地做到学识渊博,在本专业之内无所不知,成为万千学子的指明灯,这需要一个漫长的成长修炼过程。在这个过程中,教师不仅要拥有超强的毅力和不凡的自制力去不断地学习和探索,还要通过与其他学校或者其他专业的学者、教师们进行学术上的交流以使自己的学识得到拓展,眼界得到拓宽,这是青年教师成为专业中的"学术大神"之路上必不可少的一步。在任何一个行业,任何一家公司,任何一个项目工程,其所要达到的目标任务都不是单纯地依靠一两个专业就能够完成的。按照当今时代发展的趋势,是要求各个项目中要有多个学科的分工合作,共同完成。仅仅只依靠个人的力量做科研就相当于闭门造车,仅依靠自己所掌握的专业知识去教学、做科研,很难走得长远、顺畅。而因压力过大出现身体亚健康的教师们,一方面,因受到躯体亚健康的影响,也许即使教师本人也十分想多参加这样的活动,但因身体亚健康导致其出现一些生理疾病的原因,使其往往是有心无力,无法参加学术交流活动。另一方面,受心理亚健康和人际交往亚健康的影响,教师们往往会情绪不佳,易暴、易怒、易猜忌,这样在学术交流活动中也很难地与其他教师、学者们进行良好的沟通交流、学习和进步,形成地方高校青年教师事业发展的环境瓶颈。

（三）影响教师的教学改革与创新

新时代的社会拥有一个不断变化、不断增多,且通过优胜劣汰而不断更新的知识体系。在此背景之下,要求高校教师必须要站在教育、科研、科学的发展前沿,不仅要扎实牢固地掌握本专业的学科知识,同时还要对其他相关学科有所涉猎,真正地做到学识渊博,无愧于高校教师的称号。习近平总书记说过,"国家繁荣、民族振兴、教育发展,需要我们大力培养造就一支师德高尚、业务精湛、结构合理、充满活力的高素质专业化教师队伍,需要涌现一大批好教师。"不断推进教学的改革与创新,是高素质专业教师队伍产生的重要因素。然而如果高校青年教师长期处于一种高压环境之下,就不会积极主动地,充满热情、全心全意地投入到日常教学改革当中,必然会阻滞教学改革进程。教师这个职业肩上背负着"教书育人"的责任感和使命感。在整个教育链条中,高校教育处于非常关键的位置,是家庭教育与社会教育之间的桥梁,更是塑造学生三观的黄金时期。尤其是高校教师,不但要把专业知识毫无保留地教授给学生,还要帮助其塑造正确的三观,使其成为一个思想健康、人格健全的社会主义现代化强国建设者和未来接班人。这也需要高校青年教师推陈出新地推动教学改革,融入课程思政等元素,让学生有自发能动性,充满热情地、积极主动地、全心全意地投入课堂、热爱社会。然而,在正常工作时,那些职业压力负担过重的教师们会因负面、消极情绪的影响而产生职业倦怠。对于每日的教学工作,应付敷衍、得过且过,这不仅阻碍了教育教学活动,使教学效果大幅下降。更重要的是,高校青年教师的这种消极倦怠会阻止高等教育教学改革发展的进程,不利于学生们个人的长远发展,偏离为国家培养建设社会主义现代化强国建设者和接班人的职业目标,形成地方高校青年教师职业发展的观念瓶颈。

三、工作能力弱化

(一)教案编写能力不足

作为一名高校教师,最基本而且必须要具备的能力之一就是教学组织能力。教学组织能力主要是指教师在正式上课前必须要做课前准备工作,而教案编写能力是教学组织能力的核心内容,更是获得优质课堂教学的前提和基础。教案编写能力体现了一名教师在对待本职工作时是否持有一种认真严谨、细致用心的态度,是教师能否培养出优质学生的前提。俗话说"兵马未动,粮草先行",如果把上课教学比作行军打仗。那么,教师的教案编写能力就相当于大战前的出谋划策、制订方案。首先,教师的教案,在保证其内容详细且充分的情况下应该是具有弹性的,能够针对不同班级学生的学习情况,制定不同的教案,即所谓的因材施教。其次,教案的编写也不是一成不变的,教师要根据课堂上学生的学习掌握情况,随时进行优化调整。例如在课堂上,学生普遍对这节课的某个知识点比较感兴趣,学习热情普遍高涨,那么教师需要及时敏锐地感知到这节课的教学效果并及时调整教案编写的比例,再追加一两个知识点的讲解或拓展。或者是因为一些不可抗因素(法定假日等)冲销掉了教师的一节或两节课程,教师需要调整原本的教学教案,加快教学进程,而不是仍然按部就班地照原来的教案授课,拖到期末考试授课内容却讲不完。因此,教师的教学教案应该是灵活的、动态可变的。教案是教师教学工作的首要环节,它需要教师以一种认真、严谨、细致的态度,为教学做充分而详细的准备。然而,这对于因压力过大而导致经常健忘、焦虑、易怒暴躁、抑郁的教师而言,无疑是一项很大的挑战。受身体亚健康和心理亚健康的影响,他们无法全心全意地为教学活动作出细致而充分准备,加上经验不多,他们往往容易出现敷衍了事地应付课堂。

(二)课堂管理能力降低

对高校教师的要求不仅仅是纯教学,课堂控制能力也是需要拥有的一项很重要的技能。课堂管理能力不强的教师,教学效果也会差强人意;同理,课堂教学效果强的老师,其课堂管理控制能力也不会很差;课堂教学能力和教学效果二者相辅相成。课堂控制能力要求教师在课堂上要有自己的底线和原则,最重要的是要让学生们知晓这些底线和原则。例如,教师在给新的班级上第一节课时就要告知学生,在课堂上最不能容忍的是什么? 最不能做什么? 例如,不能睡觉、迟到和早退,这是最基本的原则,如果有人违反,就要灵活运用相应的教学管理制度予以适度的批评与惩罚(比如扣平时成绩分数)。然而,就算教师明确地告诉学生之后,在后面的课堂还是会有个别学生我行我素。因此,在课堂的前十几分钟和或者前半堂课,一旦有学生触犯以上这些原则,教师应该及时地予以制止。否则后面的课程讲解过程中,学生们都会因为从众心理或者知晓了教师的教学课堂标准要求不高而不重视课堂纪律。对于那些压力过大而心情郁闷、焦虑、无精打采、注意力不集中的教师们来说,他们也许尚能够按时完成其教学教案,但是在课堂教学课堂活动中,要根据教学内容和课堂上学生的表现随时调整教案内容,于是教学目标就很难实现。首先,因为他们自己本身压力就很大,他们自己都感受不到课堂中学生们的变化,更不要说根据学生们的课堂表现而随时调控教学方案了;其次,对课堂控制能力中课堂纪律的把控,由于教师自己本身因压力过大受到身体亚健康的困扰,对课堂上不认真听讲、睡觉、迟到早退的学生,他们更是心有余而力不足、无暇顾及,所以往往会选择无视。也正是教师这种不管不问的教学态度,纵容了更多的学生不遵守课堂纪律。课堂管理能力降低也体现在高校青年教师的价值引领能力下降。高校教师在教学过程中不仅仅需要教书,同时,教师向来也是被誉为"人类灵魂的工程师",也就是所谓的育人。一名优秀的高校教师不但要将自己毕生之所学一一传授给学生,对学生做到知无不言的同时,而且要培养学生们的品格和三观,使其成为一个拥有良好的品德与修养,具有爱国情怀,有温度、有思想的国之栋梁。对于压力过大的部分高校教师们来说,往往与学生之间缺少互动、交流和沟通,甚至一个学期下来教师都不会主动提问学生任何问题,询问部分学生们的听课效果与建议,教师的教学活动很可能是敷衍了事,因为教师自己都处在一种十分消极的状态中,更不要提有足够的精力与时间去引导学生们成为一个积极向上,思想健全的人了。

(三)专业研究能力弱化

高校青年教师专业研究能力弱化主要表现在科研项目开发能力下降、科研成果创新能力下降、团队协作能力下降。

首先,科研是使高校教师不断获取新的发展前沿的学科知识最有效直接的手段。但这并不是每一位高校教师都能够轻易做到的,因为高校教师要想拥有科研开发能力,要求其在掌握本学科丰富的知识体系对相关学科的了解和涉猎以外,还必须要了解教育的本质和发展规律。大部分高校教师清楚地知道,高校教师的科研开发能力不仅能够使自己整体的能力和素质得到升华和提高,同时对学生还要有很好的向导作用,甚至能够带领一所高校到达更高的水平和层次上。然而凡事有利就有弊,高校中不断督促高校教师科研开发能力的提升,一方面使高校之中形成了不断学习、不断进步的良好作风。另一方面也给高校教师们带来了较大的精神压力,当教师们的精神压力过大时,他们会有诸如"我只是一名高校教师,把自己本分内的专业课知识给讲好的同时再对学生们的三观和品质起一个好的向导作用,这就足够了。而科研开发,这不是我该做的,应该有更加专业的科学家、专家学者们来做"诸如此类的想法来安慰自己,以疏导自己过大的压力。也有部分地方高校青年教师会因为结婚生子等各种原因,只满足于将专业知识传授给学生,不愿再给自己增加过多的负担和压力,在科研项目的申报上表现出消极的态度。

其次,高校教师的科技创新能力,甚至能够代表一个地区经济发展水平或者经济潜力。从高校源源不断的为社会培养输送高质量人才的长远发展角度来看,如果一个高校教师自身科技创新能力较强,那么其必然能够影响一大批将来建设社会主义的学子们同样拥有科技创新意识和科技创新能力。然而,在现实生活中,高校教师能够做到这些是非常不容易的。高校中倡导教师们的科研创新能力,但是缺少相应的经费和设备。俗话说,"巧妇难为无米之炊",这就使得高校科技创新成为了空喊口号。对于那些职业压力过大的教师而言,当科研过程失去了外在保障条件的支撑,他们往往会选择把大部分的精力和时间投入到教学活动中,去适应学校的各种考核与检查,他们很难抽出时间,分出多余的精力在科学研究领域,更谈不上科技创新。

最后,在今天这个政治、经济、文化、教育等各个方面都竞争异常激烈、变化莫测的社会中,各行各业都十分重视团队协作的重要性和必要性,特别是在教育科研领域,更加强调团队合作精神。然而,近年来因高校教师压力过大,使得团队协作能力明显下降,主要表现在团队成员请假的次数和频率日益增多、团队任务的相互推诿、团队成员之间的利益纷争等,最终会逐渐吞噬积极向上、共享信息、共同学习、共同进步的团队合作模式,降低团队的工作效率。

第四节　本　章　小　结

综上所述,本章深入地讨论了地方高校青年教师因职业压力可能产生的不良后果,为后续职业压力调节策略的提出提供基本依据。首先,从身体表征来说,详细介绍了地方高校青年教师因职业压力过大导致其产生身体亚健康的表现。其次,从心理表征来说,阐述了地方高校青年教师产生情绪衰竭、去人格化、个人成就感降低时的表现及原因,以及精神、人际交往亚健康的表现。最后,从社会表征的角度,说明了地方高校青年教师因职业压力导致工作能动性下降,包括:对工作产生应付心态、终身学习观念淡化、指导学生做不到因材施教;地方高校青年因职业压力导致教师事业发展瓶颈增多,包括:妨碍教育教学活动、妨碍教师的学术交流、影响教师的教学改革与创新;地方高校青年因职业压力导致工作能力弱化,包括:教案编写能力不足、课堂管理能力降低、专业研究能力弱化。

第七章 主要结论及职业压力调节策略

职业压力调节策略是本书研究的最终目标,更是应对地方高校青年教师职业压力的有效途径。本章分两部分呈现职业压力调节策略,第一部分系统总结实证研究获得的主要结论,对前面的研究思路及结论进行全景轮廓的还原,第二部分是针对主要研究的结论,从社会、高校和教师三个维度来讨论了如何缓解地方高校青年教师的职业压力,更有针对性地制定科学、合理、有效的调节策略,为进一步应对地方高校青年教师职业压力问题拓展了思路。

第一节 主要结论

随着高等教育改革创新的推进和高等教育大众化的深入,作为高校教师中最具创新力的一类群体——地方高校青年教师所面临的职业压力也逐渐增大,适当的压力会带来工作效率的提升,但超负荷的职业压力会对教师生理和心理的健康,日常生活和工作,甚至是对社会发展产生诸多消极影响。因此,本书依据压力的相关理论,例如,压力认知交互理论、压力反应理论、压力管理理论和马斯洛需求层次理论等,并借鉴国外及以往的研究经验和成果,以吉林省部分省属地方高等院校的青年教师为代表,开展地方高校青年教师的职业压力研究,在对数据进行模型构建和运用统计工具处理、分析的基础之上,得出了以下主要结论。

一、产生职业压力感的因子

吉林省地方高校青年教师普遍存在较大的职业压力,而影响其压力感的因子有5个,分别为工作负担因子、职业发展因子、人际交往因子、职称评定因子、组织管理因子。根据整体压力均值比较,经分析判断,当前吉林省高校青年教师首先在职称评定因子上产生的压力最大;其次是组织管理因子,它给青年教师带来的压力处于中上水平,虽然现在高校组织管理可能存在很多问题,但由于青年教师的适应能力和承受能力比较强,因此不会成为最大的压力来源;再次是职业发展因子,它的各个项目均值相差较多,同时也很不稳定;然后是工作负担因子,该因子令高校青年教师感觉到的压力较大,尤其是集中在科研任务方面,而教学任务的压力相对较小;最后是人际交往因子,因为在高校中青年教师的人际关系没有那么复杂,所以人际间的冲突与矛盾产生的压力并不突出。

二、职业压力源的维度

地方高校青年教师职业压力源大致可以分为三个维度——社会层面、高校层面、个人层面。同样的,调节其职业压力的策略也可以从这三个维度入手。第一个维度是社会压力源,它主要包括高等教育改革("双一流"建设)、社会竞争加剧、社会期望值高所产生的三种压力源;第二个维度是高校压力源,它主要包括高校组织管理保障不到位、高校绩效考核制度不合理、高校晋升通道有限、高校教学科研任务重所产生的四种压力源;第三个维度是个体压力源,它主要包括期望与现实的差距、工作经验不足、个体调节能力弱、家庭生活压力大所产生的四种压力源。一方面,高校绩效考核制度、社会期望、社会竞争、高校教学科研任务、期望与现实差距、高等教育改革、家庭生活压力对地方高校青年教师出现职业压力的可能性有正向影响,而工作经验和个体调节能力对地方高校青年教师出现职业压力的可能性有负向影响。此外,高校晋升的通道越有限、晋升要求越严格、高校组织管理保障越缺失,地方高校青年教师就越容易出现职业压力。另一方面,与三个维度的压力源相对应的,调节地方高校青年教师职业压力的措施和方法也可以从社会、高校、教师三个方面着手,找出科学的缓解策略,比如在社会层面上,为避免社会期望值过高可以积极引导其趋于合理化;在高校层面上,还可以构建公平合理的青年教师考核机制,设置类似于拓展晋升渠道等多方面的支持性服务体系,创新青年教师培养模式来适应高等教育改革,让青年教师能够主导治学、参与治校;在教师个人层面上,应该树立正确的自我认知等观念,保持终身学习以提升工作能力,调控好自己的情绪,与周围建立和谐的人际关系,平衡好家庭和工作。

三、职业压力产生的差异性

职业压力在性别、年龄、学位、婚姻状况、教龄、职称、专业、高校类型上是有差异性的。具体表现为女性青年教师总体压力大于男性青年教师,并且除了人际关系方面之外,在组织管理、工作负担、职称评定、职业发展维度上,女性教师压力都大于男性教师;年龄越大的青年教师,总体压力也越大,在组织管理和人际关系维度上也呈相同趋势,但在工作负担、职称评定、职业发展维度上,31~40岁的青年教师压力最大;具有博士学位的教师总体压力最大,硕士学位的教师次之,学士学位的教师最小,在组织管理、工作负担、职业发展维度上也同样,但在职称评定维度上则相反,而在人际关系维度上,博士学位教师的压力依旧最大,其次是学士学位,压力最小的是硕士学位;已婚教师总体压力大于未婚教师,并且除了工作负担方面之外,在其他四个维度上都是已婚的青年教师压力感大于未婚的青年教师;教龄在5~10年(不含10年)的青年教师总体压力最大,10年及以上的次之,5年以内(不含5年)的最小,在职称评定、职业发展维度上也同样,而在组织管理上,教龄在5~10年(不含10年)的青年教师压力依旧最大,其次是5年以内(不含5年)的,但在工作负担和人际关系维度上,教龄越长,压力越大;具有副教授职称的青年教师总体压力最大,具有教授职称的次之,具有讲师职称的最小,在工作负担、人际关系维度上也同样,而在组织管理、职称评定、职业发展维度上,副教授职称的青年教师压力依旧最大,其次是讲师,最小的是教授;工科专业的青年教师总体压力最大,理科专业次之,文科专业最小,在工作负担、职称评定、职业发展维度上也呈相同趋势,但在组织管理和人际关系维度上,理科压力大于工科,文科依旧最小;专科院校的青年教师总体压力大于本科院校,并且除了组织管理和职称评定方面之外,其他三个维度都是专科院校大于本科院校。

四、职业压力产生的不良后果

适度的职业压力可以起到积极作用,但压力过大却会给高校青年教师带来不良后果。首先,从身体表征来说,地方高校青年教师在身体(胃病、心脏病等)方面会出现亚健康的情况。其次,从心理表征来说,他们会产生情绪衰竭、去人格化、个体成就感降低的现象,还会在精神(失眠、焦虑、抑郁等)、人际交往(学生、同事、家庭)等方面出现亚健康的状况。最后,从社会表征来说,会导致高校青年教师工作能动性的下降,它具体包括产生应付工作的心态、淡化终身学习的观念、指导学生做不到因材施教;还会导致青年教师事业发展的瓶颈增多,它具体包括影响教师的教育教学活动、学术交流、教学改革与创新;同时也会导致其工作能力的弱化,它具体包括教案编写能力、课堂管理能力、专业研究能力的降低。

第二节　职业压力调节策略

一、社会调节策略

(一)优化高校青年教师心理支持网络

目前,大部分的高校已经专门设立了为大学生心理健康服务的心理咨询室,以及开展了一系列的心理咨询、教育等工作,而且取得了积极的成效。但是,针对高校教师(尤其是职业压力相对较大的青年教师)的心理支持系统还尚未完善,这就要求在优化高校教师心理支持网络的过程中,充分整合社会和高校资源,多渠道建设该网络。

第一,教育主管部门即教育部、各省教育厅还有教工委与高校共同协作,成立地方区域性的高校教师心理咨询机构和场所。聘请专业资深的心理咨询师,为高校青年教师提供相应的心理咨询和服务,帮助心理健康状况较为严重的高校青年教师解决心理问题。同时,除线下心理咨询以外,该咨询机构可以开通教师心理咨询热线和官方网络沟通平台,采用线上匿名的方式,免费为高校青年教师进行心理辅导和帮助,不用面对面交流,也能够起到有效缓解教师压力、摆脱心理困惑的作用,既节省了教师的时间,也提高了机构的工作效率。在官方的沟通网络平台上,除了有专业资质的心理咨询师之外,还有其他的高校教师和领导,通过留言互动、匿名聊天等形式,实现教师之间相互交流、鼓励和帮助,也可以让高校领导了解教师的需求,使教师得到同事和领导的关心和理解,这不仅有利于情绪的疏导,还能有效地减轻高校青年教师群体的职业压力。

第二,由教育主管部门委托和邀请例如中国心理学会、中国心理卫生协会等社会团体以及心理学专家学者,再联合高校组织高校教师心理健康教育活动。因为高校教师的心理健康状况对学生心理健康、教师教学质量和学校长远发展有着直接的影响作用,所以加大高校教师心理健康方面的投入是必然趋势,如此一来,可以增强高校教师心理保健的意识,促进其心理健康水平的提高,使高校教师的素质得到全面提升,以更好胜任"教书育人"的工作。在进行高校教师心理健康教育时,要遵循实事求是、实践与理论相结合等原则,充分发挥社会、高校、教师自身三方力量,以达到预期的高校教师心理健康教育成果。

出于对高校教师职业特殊性的考虑,高校教师心理健康教育(尤其青年教师)不能采用单一的授课方式,而应采取更加多样化的手段。具体来讲,相关社团可以负责定期对高校教师进行压力水平和心理健康水平测试评估,以及高校教师心理健康教育培训,它包括入职前和入职后培训:通过入职前培训对高校新入职的青年教师宣传基本的心理健康知识,把可能遇到的心理问题提前介绍出来,有助于高校教师做好思想准备,转变对心理保健的观念和态度,化消极被动为积极主动;入职后培训则是根据实际的心理健康测评结果,通过及时反馈高校教师心理状态,制定有针对性的心理健康教育培训,保证高校教师可以灵活掌握心理和压力问题的应对技巧,以维持其心理健康的平稳状态。对于心理学特别是较为擅长高校教师心理学领域的专家和学者而言,则可以借助专题讲座、讨论等方式对高校教师开展心理健康教育,传播心理学知识、常见的高校教师心理问题及心理压力排解的多种方式,使得高校教师能够有效调解自身的心理问题,不断提升心理健康的水平。

(二)推行人本化的教师管理理念

"以人为本"理念是将人作为管理实践活动的目的和中心,强调重视人的作用、尊重人的价值,而且可以通过满足人的需要来充分调动人的主观能动性和积极性,从传统管理的以物为本转变为以人为本,将人视作重要的资源,注重开发和挖掘人的潜力。将人本理念融到高校青年教师管理中,就是要充分尊重每一位青年教师的独特个性,为其营造宽松自由的环境,尽最大可能满足他们的合理需求,这样不仅可以激发高校青年教师的创造性和工作热情,还可以极大提高其素质和能力,有效实现高校和国家整体科研和教学水平、质量的提升。

根据马斯洛需求层次理论所示,人的需求从低到高依次分为生理、安全、社交、尊重和自我实现。当最低层次的需求满足后,下一个较高层次的需求才会占据主导地位,而低层次和高层次需求两者皆可满足时,人们往往会追求高层次需求,因为高层次的需求能使人获得更多的满足感和幸福感。与其他社会群体相比,高校青年教师的需求有明显的差异,他们的社会性需求更为强烈,渴望得到社会的认可和尊重,拥有相对较高的社会地位,同时也希望通过工作实现个人理想和自我价值,更加重视从中获得的成就感。基于此,在社会层面上,主要分为物质需求、精神需求两部分对高校青年教师的合理需求给予满足,以实现人本化管理。

1. 人本化管理满足物质需要

虽然与过去相比,高校教师的收入有所提升,但是其工资待遇仍低于劳动价值,再加上青年教师处于人生的特殊阶段,所面临的经济和生活压力(例如购房、婚姻、子女、父母等)很大,需要较高的收入来解决生活上的难题。国家可以从政策上对青年教师给予关怀和照顾,包括工资、福利、住房、养老、子女教育等方面,调动一切可能的有利因素改善高校青年教师的生活和工作条件,为其提供资金的支持和帮助,让他们可以排除生活上的后顾之忧,专心投入到教学科研的工作当中。与此同时,国家法律要切实维护高校青年教师的合法权利,保证工资的按时按标准发放,确保规定的假期不被占用,也可以根据现实情况出台弹性工作制,缓解青年教师过大的职业压力。

2. 人本化管理满足精神需要

高校青年教师的全方位发展,既需要有充足的物质条件为基础,又需要有丰富的精神世界为支撑,这就决定了管理高校青年教师要兼顾物质需求和精神需求,实现二者的有机结合。一方面,在社会上倡导尊师重教,并形成良好社会风尚和文化氛围,大力弘扬社会主义核心价值观和中华民族传统美德,树立正确积极的思想观念,运用大众媒体和网络渠道宣传和赞扬教师工作,真正让教师成为令人艳羡和尊重的职业,为高校的青年教师营造一种全社会关怀和支持的环境,使得青年教师更加坚定为教育理想努力奋斗。另一方面,国家应该为高校青年教师创造自我价值实现的条件,增强青年教师的成就感和满足感,具体来说,可以为其提供更多的进修、继续教育的机会,不断提高青年教师的知识水平和专业能力;专门为青年教师预留出一定比例的课题申报和评奖名额,使其能够拥有充足的科研项目经费;并为其参加学术交流活动搭建更多的官方学术平台,例如举办青年教师论文或者是专著报告会,完善青年教师教学科研培训,以锻炼和提升高校青年教师的学术和科研水平,在共同学习和交流中让越来越多的青年教师可以实现自我价值。

(三)引导社会期望趋于合理化

社会对教师群体的整体期望过高且不合理是导致高校青年教师职业压力的一个重要原因,正如前文第五章第一节所述,传统观念中无论是认为教师就是完美无缺的个体,还是认为教师不应该追求个人利益,都是不合理、不科学、不现实的。教育事业迄今已经有几千年的历史,人们对教师这一职业的认识还有传统的基础而且基本趋同,甚至是根深蒂固,以至于形成了相对刻板的印象。因此,政府需要承担起引导社会对教师期望合理化的责任,将教育改革带来的局部教师角色期望的改变扩大到全社会范围,让新的教育理念、新的角色期望占据主要地位。

第一,政府应当引导社会降低对教师的角色期望,向社会说明当前对教师的角色期望是过高的,而这些过高的期望会给高校青年教师造成了一定程度的心理和社会压力,对学生、教师、社会都会产生消极的影响和作用。诚然,教师职业肩负着为社会培养和输送人才的重任,公众对教师群体总是给予厚望,对他们有更多美好的期许和更加严格的要求,这一想法是可以理解的,但教师也是现实生活中普普通通的人,那些超脱客观事实和规律的期望是难以达到的,尤其是对于高校青年教师来说,踏入工作岗位时间不长,还处于摸索和学习的阶段,更不可能达到过分理想化的社会期望。此外,如果外界长期存在过高的期望而教师又无法做到时,那么不仅公众会对教师发出质疑和指责的声音,而且教师在人们心目中的形象也会大打折扣,这会让高校青年教师反复陷入自我否定和自我怀疑的死循环。总之,教育是一个双向互动的过程,因在意外界期望而压力过大的高校青年教师工作效率和教学质量都会受到影响,也会给正在成长期的学生带来负面影响。因此,让人们了解和意识到问题的严重性,才能降低社会期望值,使其回归到合理水平。

第二,政府应该主动引导社会对教师的评价趋于合理化,呼吁社会对教师群体多一分支持,少一份苛责,真正形成理解、包容、信任的社会大背景和大环境。不应该只依据对高校教师的评价结果就全盘否定他们,要以客观、全面、系统的观点去看待不足之处,正视并接受这个群体身上的不完美,给予他们补齐短板的时间。避免过高社会期望的另一个方法是主动引导公众对高校教师提出合理化的要求,由过高变为适当,由不合理变为合理。本书所强调的合理社会期望,是在尊重教师主体性的基础之上提出来的,换句话说,就是在满足社会对教师的要求同时,还要高度关注教师的个人需求,充分考虑教师的心理感受,不能将教师当做是合乎外在规范和社会期待的机器人。这样依靠政府的引导和示范作用来慢慢改变社会对高校教师不切实的想象和期待,修正不合理的地方,在潜移默化中形成具体可行的社会期望,那么高校青年教师的压力也会相应减小很多。

(四)建立地方高校职业压力管理的长效监督反馈机制

高校青年教师职业压力管理的实施需要有监督、反馈的环节来保障其高效地运行,所以国家可以指定某一所或是几所具备一定条件和能力的地方高校,建立起高校职业压力管理的长效监督与反馈机制。著名压力学理论家 Lazarus 的压力交互作用模型指出压力既不是个人特点的结果,也不是环境的结果,而是人与环境相互作用出现的产物,它是一个会随着时间和工作任务变化而变化的动态过程。French 和 Caplan 共同提出的"个体 - 环境"匹配理论也认为,压力不是由单独的个人或是环境而引起的,它是依照个人和环境的不匹配程度来定义的。基于上述观点,以一所或几所地方高校为中心,建立区域性青年教师职业压力管理监督反馈机制。

1. 制定方案和措施调节高校青年教师职业压力

可以从事实出发,依据高校青年教师具体所处的情境和应对职业压力所有的资源来确定可行性方案和措施,使得青年教师的技能、时间和精力等个人能力与标准以及角色等环境要求相适应,并及时调整、修正,以减少过高的职业压力给高校青年教师带来的困扰。例如,高校可以建立和留存高校青年教师的相关档案,将他们的基本情况和之前进行过压力管理和调节的经历等介绍清楚,用以了解其压力的来源和应对压力的能力,然后再通过掌握的资料找出规律性的东西,以实时跟进和调整压力管理的方式及策略。

2. 明确地方高校职业压力管理的监督机制的主要任务

确立高校青年教师职业压力管理的准则,提供检查管理效果的依据,对怎样进行压力管理、进行到什么程度,监督机制都要有明确的规定;监督压力管理的效果,地方高校是否开展了该管理活动以及情况如何,对没有开展此项管理活动或职业压力管理不到位的地方高校予以纠正和督促。

3. 建立职业压力管理的反馈机制

地方高校职业压力管理反馈机制的主要作用,是随时将各高校青年教师职业压力管理的情况及环境和个体变化的信息传达反馈给各区域主管部门,这样做是因为周围环境要求和教师自身状况不是一成不变的,需要有关部门根据它们的发展变化做出相应的调整和变动,要注意的是地方高校职业压力监管反馈机制应该对未来可能出现的问题有一定的预估和应对措施,给高校职业压力管理留有可以适度修改的余地,使高校能在持续的变化发展中完善职业压力管理体制,适应新的客观环境。

二、高校调节策略

（一）打造科学高效的青年教师培养模式

一支优秀的青年教师队伍不但是建设"双一流"高校的必要条件,而且还能让高校在激烈的竞争中脱颖而出,成功占据有利地位,各地方高校必须高度重视对青年教师的培养,打造科学高效的培养模式。各高校可以从以下几个方面来考量。

1. 完善培训和进修机制

高校应加大对青年教师资助的力度,避免出现设备、经费和资源分配不公的情况,为其提供有针对性的培训和进修机会,可以去国内重点大学或者出国继续攻读更高的学位,使不同类型、不同层次、不同阶段的青年教师皆能参与进来,特别是职称不太高的青年教师更应该给予更多的关注和机会,而有一定经验的青年教师也能从培训中学到新的知识,提高教学和科研能力和水平,最后能更好地胜任工作,大幅降低职业带来的压力。

2. 优化工作环境

首先,营造宽松的工作氛围,工作量要适度,如果持续处于超强度工作中,即便在短期内工作效率上升,长期来看,青年教师也会因精神紧张、压力过大出现工作效率变低,甚至是工作失误等一系列问题。学校可以依据每一位教师的特长、能力、时间等实际状况,科学分配教学与科研任务的比重,合理安排工作量,避免工作负荷过重,以此缓解高校青年教师的职业压力。

其次,创建自主的工作环境,通勤时间的长短也会对高校教师的职业压力产生影响,办公室坐班的时间越长,教师的压力就越明显,在高校教师中青年教师对自主工作环境的诉求更高,所以各地高校可以适当地借助互联网手段(网课、线上会议等)让教师远程办公,以避免通勤压力过大。

最后,组织丰富多彩的集体活动,增强青年教师对学校的归属感和认同感,各高校可跨系、跨校在青年教师中组织一些团体性的文娱活动,在丰富其业余生活、缓解工作压力的同时,还能增进教师之间的情谊和交流。事实上,大多数高校青年教师都习惯了在生活中独自处理和解决问题,在工作上也喜欢单打独斗,与周边同事和上级领导沟通的机会不是很多,还不够了解和熟悉彼此,面对压力时通常缺少来自他们的理解和帮助,而集体活动的开展正好提供了交流和诉说的途径,从同事那里得到的解析和帮助会适当地减轻教师的压力感。

3. 帮助青年教师成长

一些青年教师刚从学生进入到教师行列,不能立刻适应工作节奏,加上过快的角色和身份改变难免会给他们带来各种各样的困扰。因此,学校需要对新入职的青年教师加以指导和帮助。一方面,学校可以委派经验丰富的教师通过"传、帮、带"的模式为刚就职的青年教师提供助力,并使每位新教师均有一个对应的业务导师,再由他们向其传授(比如说在课堂上的教学技巧、如何开展科研工作、怎样申报课题和项目等)经验,尽快让青年教师适应工作环境,少走不必要的弯路,缩短自己摸索的时间,帮助其顺利通过工作的过渡阶段,消除初到工作岗位的迷茫感和无助感;另一方面,地方高校的各个院系也可以采用教学和科研团队的形式,通过举办学术沙龙、模范教师示讲和新教师试讲、经验讨论会等方法帮助青年教师尽早融入团队,从实践中学习知识、积累经验,更快地成长起来,在一定程度上能够缓和高校青年教师的心理压力。

(二)构建公平合理的青年教师考核机制

高校青年教师职业压力源之一是绩效考核制度的不合理,不公正的考评机制将直接影响到青年教师的工作积极性和业绩产生量,高校需要改变原有绩效考核机制中的弊端,构建公平合理的考核机制。对于解决该机制带来的压力问题有如下几条建议。

1.转变侧重科研的现状,平衡教学和科研的比重

高校教师的职责本应该是同时兼顾教学和科研,但现实却是许多教师有重科研轻教学的倾向,导致这一现象产生的原因与国家对高校经费拨款的数量有很大的关系。这笔拨款主要取决于科研成果多少,而各高校为了争取更高的教育经费,将压力以绩效考核的形式转化到了教师身上,并把科研成果与其物质利益相挂钩,对教师规定了硬性的要求,让他们不得不把重心放在科研任务上,从而忽视了教学工作。再加上高校在教师教学方面的考核并不严格和细化,涉及的指标比较容易完成,造成了青年教师对教学存在轻率的态度,长此以往,不仅不利于高校核心竞争力——青年教师的成长和发展,还会对整体教育水平产生严重的负面影响。高校应该调动教师对教学工作的重视度和积极性,把教学与科研摆在同等地位,做到两者并重。各地高校应在教师绩效考核上把教学成果也纳入其中,增加教学奖励的比例,合理安排科研和教学的工作量和工作时间,给教学任务也预留出一定的时间,实施教学和科研相结合的评优策略。

2.制定多元化的考核内容

现阶段,高校教师考核机制主要是依据科研和教学两个指标,可能会造成高校青年教师的功利化倾向——为了考核结果只注重科研和教学任务,不重视考核内容之外的其他方面。为避免上述情况的出现,对高校青年教师的考核内容应当更加综合、全面和系统,各高校可以从教师的道德修养和品质、教学态度、文化素养、教学效果等隐形角度进行考查,并在此基础上给予高校青年教师适当的奖励,这样做不仅能促进个人的全面发展,还能提高他们的工作积极性。同时,考核内容也要尽量获得每一位高校教师的认可,实行定量和定性并存的考核机制,使考核的内容更加科学合理。

3.实行差异化的考核标准

按照不同的学科和专业制定考核标准,高校不能以项目课题和发表论文的数量、级别来决定教师的好坏,因为文科和理工科的项目课题研究和论文发表的难易程度是不一样的,学校应当考虑该因素的影响,不能"一刀切",然后将难度水平大致相同的归为一组,再对每一组制定相应的考核标准、该标准应具有挑战性,既要保证在高校青年教师的能力范围之内,又不能轻而易举就可以完成。按照不同的类型制定考核标准,高校可将青年教师分为教学型、科研型、教学科研型三类,针对教学型青年教师的考核主要集中在他们擅长的课程教学上,适当放宽科研的要求和标准;与之相反的是科研型青年教师,学校应适当减轻其教学工作量,让他们能够专心从事科研工作,在考核时重点放在科研成果上;对于教学科研型青年教师来说,高校则是把他们的教学与科研成果均等地做出考核评价。

4.运用多主体的考评方式

多主体考评是将学生、同事、领导、教师自我的评价相结合。

(1)学生评价

学生评价是高校考核教师的重要方式之一,学生是高校教师教学的对象,对授课教师进行评价是合乎情理的,但可能会有少数学生出于个人原因导致评价结果失真,因此不能将其作为最重要的标准。

(2)同事和领导评价

相同院系和专业的教师与教师之间,领导与教师之间还是比较了解的,可以用匿名方式对被考核者进行评价,以避免不必要的摩擦和冲突。

(3)自我评价

青年教师通过自我评价来对现状进行深刻剖析和反思,然后不断调整个体状态,促进个体的发展和提升。

总而言之,各地方高校要运用"从上到下""从下到上",纵向和横向相结合的评价方式,让教师考评的结果更加公平、民主、真实。

(三)完善青年教师的薪酬福利体系

不健全的高校青年教师薪酬福利体系无法保障教师获得应有的劳动回报,还将造成人才的流失,即便暂时没有离开,也会令教师产生不满意的情绪。以我国现有的高校教师工资分配方式来看,新入职的青年教师处于薪酬分配体系的末端,不公平的薪酬待遇会加剧青年教师的心理压力,高校管理者应该完善薪酬福利体系,使其充分发挥保障和激励的作用。

1. 优化薪酬结构

根据当地的物价水平,各高校可增加教师的基本工资在总体收入中的比重,确保可以维持日常的生活开销。绩效工资取决教师的实际绩效,学校可以给他们一定的奖励,但要根据适度原则,并非绩效工资越多越能起到激励的作用,有时可能会得到相反的效果。总体来说,就是教师收入的主要部分为基本工资,绩效工资居于辅助或次要地位,构建合理的薪酬结构和体系。

2. 缩小薪酬差距

高校教师薪酬体系要体现公平性,根据亚当斯的公平理论,一个人获得报酬之后,不仅关心报酬的绝对量,还关心报酬的相对量,他会与组织内其他人的所的报酬进行横向比较,而比较的结果将影响到之后工作的积极性。一般而言,高校教师的职级和资历与薪酬呈正相关关系,并且各层次的薪酬水平差距很大。因此,学校薪酬制度的设置应该尽量做到公平对待,重视青年教师群体的同时,也要顾及对学校有突出贡献的老教师,最大程度上缩小和调节教师内部的收入差距,并使其保持在合理的范围内,防止出现工资水平两极分化的局面,而且还应及时回复青年教师的付出和奉献,尽可能提供令其满意的绝对报酬,以减少和消除青年教师内心的不公平感,提升高校教师对组织的认可度和忠诚度。

3. 拓展收入来源

高校现在的主要经费来源是政府拨款。地方高校必须要拓展资金筹措渠道,由单一转向多元,才能保证各项支出有足够的资金支持。可以从以下角度进行拓展。

（1）教育消费者

校方可以提高办学的层次,适当扩大招生规模,例如招收留学生等,与此同时发展校外的教育培训项目和基地,以此拓展经费的来源。

（2）市场

学校可通过科技和服务的转让、与企业一起建实验室、接收社会的无偿捐赠等来获得收入。

（3）高校自身

学校可以出租现有资产从中收取费用,谨慎进行产业投资,或者是争取在校园财务建设方面与银行合作等途径来得到资金支持。

在各高校实行多元化资金筹集措施的过程中,应特别注意教学、科研与社会相适应,不能盲目增收,要促进学校的持续健康发展。

4.完善福利待遇

除了工资之外,福利待遇也是薪酬体系当中较为重要的一部分,如果学校与学校之间差距很大或者是落实不到位,很有可能使高校青年教师产生不公平的情绪,从而增加其压力感。高校实行的教师福利待遇既要包括衣食住行以及学的传统方面,又要有休假、医疗等新型方面,加快提升福利待遇的水平,真正让福利待遇的好处惠及至每一位教师身上,尤其是对事业刚起步的青年教师,尽力为他们提供餐食和出行补助,加快青年公寓等住房建设。此外,地方高校还可以由教师自主选择福利待遇组合,以便更贴合个人的实际需求,防止供给与需求发生错位,让高校的福利待遇具有吸引力和竞争力,更加符合青年教师的需求。

（四）设置支持性的青年教师职业发展服务体系

高校青年教师大多数都非常重视职业上的发展,不仅是因为它与经济利益相关联,还是因为它能够满足青年教师自我价值实现的需求,当他们渴求晋升或是期望某些事业上的进步时,其职业压力便会出现,为了减轻年轻教师不同程度的心理压力,各高校可以为青年教师提供多方面的支持和服务。

1.帮助高校青年教师做好职业生涯规划

青年刚刚踏入职业生涯,对未来可能会感到困惑和迷茫,不太清楚教师这个职业的特点,也不太确定自己的专业发展方向是什么。所以学校应特别重视处在职业生涯初期的青年教师,校内的教师发展中心应当按照学科、专业、能力、经历等实际情况,帮助和指导教师做好职业生涯规划工作,让青年教师对自身有一个正确的定位和认知。学校为其制定职业发展的短期和长期目标及实现途径,并且在满足个人合理发展需要的同时,尽量将个人目标与高校目标结合起来,实现教师和组织的共同进步。在确定职业发展目标的过程中,地方高校要帮助青年教师熟练掌握一种技能——自省,这是完成职业生涯规划的重要一环。青年教师通过对自身状况进行反思,不断调整完善适合自己的职业生涯规划,而学校需要及时修正该规划方案,使其更加科学合理,真正令职业生涯规划可以达到减压的作用。

2. 拓展高校青年教师晋升通道

一方面,各地方高校的晋升制度应改变排资论辈的现状,可以依据贡献来决定是否晋升和晋升级别,尽最大可能地排除不确定性因素(例如各种名义上的特权、行政和上级权力的干预等)的影响,维持晋升程序的公平性、公开性、透明性,完善晋升和职称评定的竞争机制,确保竞争良性和有序进行;另一方面,实行多样化的晋升标准,针对不同类型的青年教师,提供不同的晋升通道,提升合理的晋升空间,以适当降低晋升的困难程度,充分调动青年教师的工作热情,不至于挫伤和打击他们在职业发展上的积极性。

3. 对高校青年教师实行压力管理教育

目前我国高校对教师的工作压力管理方面的关注度十分有限,随着高等教育的改革和发展,高校教师的职业压力也越来越大,作为高校的管理者,必须采取有效措施对教师进行职业压力的管理教育。一方面,引导青年教师树立正确的事业观,接受期望和现实之间的落差,再把压力管理中的应对技巧和知识通过思想政治教育、讲座与交流讨论、定期教研活动等形式教给他们,例如可以通过跑步、瑜伽等运动,或是寻求社会的支持和帮助,以保持良好的心理健康,减小青年教师的职业压力;另一方面,借鉴国外的员工帮助计划(Employee Assistance Program,EAP)为高校教职工提供职业压力上的帮助。员工帮助计划是一种系统性、综合性的压力管理方法,主要包括提供压力管理培训和咨询指导,还有组织服务项目、营养项目、家庭援助项目等内容,它是专门为员工设立的一种长期福利和支持项目。学校应重视该计划的实施,并在组织内部建立起支持性的环境,配备必需的人力、物力和财力,对高校教师的心理生活质量进行评估诊断和建议,利用海报、心理手册、健康知识讲座等方式积极宣传,鼓励高校教师遇到心理问题时勇于开口,旨在减轻或消除职业压力问题的有害影响。

(五)创建青年教师参与治校和主导治学的条件

国内高校的制度改革通常缺乏教师的参与,大多是从领导层和管理层自上而下的推行,高校教师的学术权力、地位也未得到充分的尊重和保障。一般而言,当压力源的不可控和不可预测程度愈强,个体的压力感就愈大,基于此,高校应允许教师参与到与其利益相关的制度制定中,积极创建高校共建共治共享的管理格局,维护教师原本的学术主导地位,这种做法不仅能增强高校青年教师工作的满意度和成就感,还能提升学校的管理水平和效益。

西方国家的"教授治校"就是高校治理中一个比较成功的典型案例,我国高校也可以有选择地借鉴其经验,立足于实际,构建符合自身情况和特点的高校治理机制。各地方高校应让青年教师参与到学术事务和其他事务管理中,积极发挥教师的主体作用,让教师拥有教育及学术的自由权和话语权,形成教师参与治校和主导治学的高校治理结构。这是因为高校教师不仅是学校的重要利益主体,更是教育工作的实施主体、学术活动的重要主体。但要区分"治学"与"治校"之间的差别,高校教师在学术上保持权威和主导地位,即便有不合理的地方,也应由教师群体重新商议,而高校教师在其他事务管理上提出的建议,即便经过反复推敲和深思,也需要整合多方建议。

具体来说,在教育和学术方面,高校教师可以根据学科和专业的不同特点自主确定课程安排、教学方法、培养方案等,校方应成立学术委员会等类似的学术管理机构。其委员由各院系按照一定比例推选产生,而委员会主席团由成员民主选举产生,学术委员会的主要任务是负责制定专业发展计划、教学和科研规划以及配置学术资源等学术事务,该委员会不依附和听从其他机构,具有独立的学术决策地位,能够自主进行关于学术问题的决策行为,不会轻易因行政权力而动摇;在参与高校治理方面,各地方高校可设立相应的决策委员会,为青年教师预留出一定的名额,保证决策的科学化和民主化,体现决策的公正和公开,委员会选出的成员要能够真正代表广大青年教师的利益,并且其成员可以参与到高校建设发展以及与教师群体利益切实相关的问题和具体事宜的探讨和决策中,例如薪酬结构和水平、福利项目、绩效考核、职称评定等制度的设计和程序的完善。成员轮流发表想法和观点,必须尊重每一位代表的发言权,再由集体商讨来判断该建议是否合理,最后由主席团决定是否能够执行。

值得注意的是行政权力与学术权力是不一样的,二者是相互独立存在的,必须将学术权力从行政权力中分离出来,尽量避免行政权力对学术事务的干扰。要明确划分行政事项和学术事项之后,再合理归类各自的管理所属权,在其管理范围内,处于支配地位的一方需要落实决策权,处于被支配地位的另一方就要落实监督权和参与权,双方履行好各自的职责,不能越俎代庖,越位代为行使权力,双方各尽其责才能提高办学的质量和效率。综上所述,在准确区分行政权力和学术权力的前提下,地方高校需最大程度地创建教师主导治学和参与治校的有利条件,使造成青年教师压力的来源控制在一定范围内,这将有效降低其职业压力。

三、高校教师的自调节策略

(一)树立正确认知,调整工作目标

压力的产生与个体认知有密切的关联,遇到同样的情境或是困难挫折,不同的人会有不同的反应和做法,这不是外在因素本身的问题,而是人们对于同一事件有着不同的认识和解释。事实上,合理的认知能够提高高校教师的心理健康水平,也能令其更好地应对职业压力,青年教师要保持正确的认知,必须做到以下几个方面。

1. 客观看待压力的作用

虽然压力具有消极功能,给高校青年教师的生活和工作带来了负面影响,例如超额的工作量让教师感到身心俱疲的同时,也严重影响到之后的工作效率和状态;然而,压力也有积极的作用,青年教师应清楚地认识到适度的压力可以鞭策自身,促使其不断进步,这些压力虽然会增加工作量,但因其适当,高校教师完全可以接受,合理的压力对个人和组织皆有益处,恰当的教学和科研要求可以整体提升教师的能力以及高校的办学水平。因此,无论是高校还是青年教师在设定工作目标时,都应秉持着适度的原则,不宜过高而造成太大压力。在高校教师全面了解压力的双重作用之后,应当明白压力是一种正常的心理反应,每一个人在工作中都会不同程度地感受到压力,它不是有缺陷的表现,也并不是所有的压力都是坏的,它也有可取的一面,青年教师要采取正确的应对策略,避免压力的消极影响,强化压力的积极作用,化消极为积极,化压力为动力。

2.树立正确的自我认知

青年教师需要有一个全面、正确、清晰的自我认识，降低不符合实际或过高的要求，对人对事保持一个合理的期望水平，当高校青年教师面临过大的职业压力时，一味地逃避是不可取的，而是应该实事求是地评估自身的能力，理性分析优点和缺点，善用优势、扬长避短，改正不足之处，勇于应对和解决问题，并且注意不能制定过高的工作目标，以至于超出能力范围而无法完成。具体而言，在岗位匹配方面，青年教师应找准定位，按照职位的要求，与自身能力相比较，寻求匹配的工作岗位；在教学方面，青年教师可多渠道、全方位地收集有关个人教学效果的资料和信息，找出教学技能及方法上的强项和弱点，辩证地评价自我；在科研方面，高校青年教师应根据客观实际情况来进行合理预期，遵守循序渐进的原则和规律，结合各自的专业特点，制定务实的工作计划。

3.树立正确的挫折观

由于高校教师这一职业极富挑战性，需要很强的创造力，而且如今高校之间的竞争日渐激烈，优秀杰出的教师并不少见，要想取得教学、科研等方面的成就和建树，不是一件容易的事情，难免会遭受各种各样的挫折困难，甚至是失败，如果所定目标超出自己的能力，想成功更是难上加难。若是能从挫折中吸取经验教训，勇于直面现实的打击，及时调整事业发展目标，那么青年教师就可以始终保持良好的心理状态，避免产生焦虑、抑郁等负面情绪。高校青年教师应该在挫折到来之前，提前做好心理准备和预期，以免在真正面对挫折时措手不及；当挫折来临时，教师要以积极乐观的心态应对，理性客观分析原因，尽量降低挫折的不良影响；在挫折过后，平复好情绪，及时调整工作目标，重新建立起战胜挫折的信心。

（二）改变行为习惯，适应工作节奏

在高校青年教师职业生涯的初级阶段，通常不能迅速适应工作的强度和节奏，青年教师的压力感也会随之而来，为了缓解这种紧张焦虑的情绪，青年教师需要改变原有的行为习惯，充分利用有限时间，提高工作效率，调整工作节奏。

1.摒弃不良的工作习惯

不良的工作习惯，例如，没有计划和目标就着手工作，导致很多时间浪费在了不必要的事情上，时常出现本末倒置的情况；对待一些难度大或者是不想做的任务长时间拖延；想同时完成很多事情，到最后可能每件事都不尽如人意；通过持续做琐碎的小事来回避本应该做却不愿做的事情；推到截止日期的最后几天才开始紧张地赶工作进度；遇事犹豫不决，因不够果断而错失良机……以上都是常见的、不好的工作习惯，高校青年教师必须将其在行为习惯中剔除，并培养良好的工作习惯，诸如有计划性、分清主次、善于总结、不拖延、果决等，这些均能帮助高校青年教师更加从容地应对工作，顺利融入工作环境，降低职业压力的负面影响。

2.培养良好的生活习惯

有规律的生活作息能够在一定程度上舒缓工作带来的压力，体育锻炼就是一种较好的放松方式。锻炼会让人感到愉悦、轻松、畅快，暂时忘记生活和工作上的烦恼，减轻低落沮丧的情绪。教师由于职业的特殊性，极易患上颈椎病、肩周炎、腰椎病等职业病，更加需要坚持和加强体育锻炼,减少患病的可能性,高校青年教师要找到适合自己的锻炼方式,尝试每天在固定的时间进行锻炼,并形成长期的习惯。如果条件允许的话可以参加学校或是其他社会团体举办的体育活动,这样不仅能够起到强身健体、增强体质的作用,而且能增进同事之间的沟通和友谊,还有助于分散负面情绪,以更加充沛的精力投入到工作中,最终达到降低职业压力的作用。

3. 合理有效地管理时间

高校青年教师应关注每天的时间应用情况,了解自己一天都做了什么、什么时候做、做了多长时间,分清哪些是自由休息的时间,哪些是无效和有效的工作时间,再对这天进行总结和归纳,在理清思路、吸取教训之后,列出一张明日工作计划表,合理分配好时间,弥补之前的不足,提升工作效率。具体可以根据时间管理理论中的"四象限法",按照事情的紧急程度和重要程度,将其划分成四个象限,依次为第一象限——重要紧急事件、第二象限——重要不紧急事件、第三象限——紧急不重要事件、第四象限——不紧急不重要事件。其中,第一象限的事件是必须优先解决的,第二象限的事件虽然非常有价值,但往往容易被人忽视,第三象限的事件让人变得忙碌,可能付出大量时间却得不到相应的收益,第四象限的事件放在最后去做。对高校青年教师群体来说,在工作繁重、精力有限的情况下,面对多种不同的工作任务,应该分清轻重缓急,优先完成第一象限,重点投资第二象限,有空闲时间再去做第三、四象限,积极采取行动,分配较多时间做最重要的事情,适当放弃一些次要的事情,有序进行工作任务,完成工作时集中精力,并限定工作时间,尽快跟上工作节奏。

(三)调控个人情绪,转变工作态度

调控情绪需要个人掌控和自我接纳,改变主观感受,并善于调节自身情绪,采取乐观的态度去思考和解决问题。有研究表明,积极情绪可以对健康产生促进作用,而且积极情绪能够削弱在应对问题初级阶段给人们带来的消极情绪,在它的引导下让人们从消极被动地等待变为积极主动地应对,使事情朝着好的方向发展,还可以提高应对压力的能力。因此,高校青年教师需要做好自我调适,学会有意识地保持良好情绪,以正确视角看待职业和职业压力,并在行为上做出改变。

高校教师从事的是脑力劳动,他们所承担的职业压力偏高,尤其是对初入职场的青年教师来说,学会调控情绪和心理的技能是非常重要的。自我调适其实并不难,青年教师可以尝试以下几种简单的自我情绪调适的方法。

1. 理智控制法

在个体产生不良情绪前,首先要沉着冷静地分析整个事件,然后客观理智地思考在该情境下是否应当产生不良情绪,是否能够承担所造成的后果,是否有更好的应对之策,再反复思考后得出正确认识,以消除不良情绪。

2. 倾诉法

当个体感到心情压抑时,可以找一个合适的对象将心中积累的苦闷、委屈、悲伤等不良情绪倾诉出来,这是一种非常有效的方法。对一个性格外向的人来说,找人倾诉并不是难事,但若涉及个人隐私还有性格内向的人,让他们顺利找到倾诉对象有一定的难度,通过心理咨询室或者网络等多种渠道都是不错的选择,只要对方愿意耐心听你倾诉,真正理解你,帮你出谋划策,负面情绪就能在一定程度上得到缓解和消除。

3.转移法

注意转移法是暂时不去想引起不良情绪的事件,而是将注意力放在其他有意义的事情上,比如音乐欣赏,在心情低落时适合听曲风明快的音乐,在心情烦躁时适合听曲风舒缓的音乐,不同的消极情绪可以利用不同风格的音乐来中和,可以根据自己的喜好,再结合音乐风格来选择;行为转移法则是投入到新的活动中来转移负面情绪,比如参与文体娱乐活动、社交活动、出门旅行和休闲等方式降低心理压力。

除了以上三种方法之外,青年教师还可以通过积极的自我暗示、合理的宣泄(呐喊、哭泣等)多种途径来释放不良情绪,提高自我对情绪的调控能力。

另外,高校青年教师也需要转变工作态度,真正做到爱岗敬业。每个职业都有各自的不易和辛苦,既然选择了这份职业,就应当尽心尽力地对待工作,无惧迎面而来的压力。青年教师可以回忆选择教师这一职业的初心,不断激发自己的工作热情和信心,重新找到精神的寄托,从工作中获得愉悦和动力。青年教师要坚定职业理想,做到爱岗敬业,应当正确认识教师的职业价值,教师能够影响年轻一代的思想品德和行为习惯,他们关乎着学生的培养质量,关乎着国家的教育水平,是当之无愧的"人类灵魂的工程师"。而高校教师不仅为社会输送人才,同时还为社会发展提供理论的指导和实践的支持。青年教师在理解了自身肩负的任务和使命之后,将其铭记于心,在遇到事业上的挫折和压力时,就能以此为前进动力,充分发挥个人的能动性来克服困难。

(四)坚持终身学习,提升工作能力

为了适应高等教育改革带来的新变化和新形势,青年教师不但需要强化自己专业领域的知识,还需要学习其他相关领域的知识,及时更新知识和技能以应对社会发展的要求及挑战,避免因工作而引发职业压力。

高校青年教师应该坚持终身学习,将学习的观念和习惯贯穿职业生涯的始终,其原因有以下三个方面。

1.从青年教师角度出发

首先是因为作为职场新人的青年教师与资历深的高校教师之间有一定的差距,需要继续学习来弥补不足;其次是因为青年教师刚由学生转变成老师的身份,仍然保持着相对较高的学习热情和能力,不断学习可以使职业生涯初期的青年教师积累更多的"财富",实现自身的可持续发展;最后是因为青年教师对绩效考核和职称评定等职业发展上的渴望,需要自我学习来提升个人素质和能力以增加成功的可能性。

2.从学生的角度出发

当代的大学生是数字信息时代下的新青年,接触来自网络等途径的信息的机会比较多,青年教师需要增强各个方面的知识修养,尽最大可能地做到学识广博,这样才能适应思维较为活跃的学生。

3.从社会角度出发

前文提及的高等教育改革等社会环境变化的影响,使青年教师不得不掌握时新的学科知识来确保站在学科发展的前沿,不得不学习先进的教育理念和教学方法技术来保障教学

的水平和效率,不得不提高自身的道德修养来满足职业角色的需要。

　　基于此,青年教师要时刻牢记终身学习的观念,通过继续教育和不断学习来完善自我,以满足自身、学生和时代的需要。青年教师应该在加强本专业知识学习的基础之上,掌握相关心理学和教育学以及社会学等方面的基础知识与理论,以便更好地胜任教师这份工作。除了专业领域和相关领域的知识外,高校青年教师还需提高工作能力,它分为职业技能和职业素养两个方面。一方面,高校教师的职业技能又主要包括教学技能和科研技能,对于职业技能来说,青年教师可以积极参加学校或是其他团体组织的教学培训和讲座,与其他教师进行教学经验交流和分享,询问学生们对课堂的建议和想法,学习和借鉴教学经验丰富的资深教师身上的优点,亦可通过教学反思,审视在教学过程中的问题,重新构建教学的知识和实践;而对于科研技能来说,青年教师可以尽量多地参与科研学术会议,申报科研项目和课题,在科研团队中锻炼能力。另一方面,青年教师需达到职业素养的要求,具备优良的组织能力(有效地进行班级和教学等多方面管理)、语言表达能力(清晰准确地输出自己的思想)、沟通交流能力(建立和谐的人际关系)、创新能力(灵活变通地解决问题,多角度思考问题,提出一些新颖的教研观点)等,青年教师还应有高尚的德行,较强的事业心和责任心,成为学生的良师益友。总而言之,工作能力的提升是一个持续、长期、全面的过程,高校青年教师需要坚持终身学习,不断积累知识和增强技能,同时陶冶个人情操,维持一种健康的心理状态,以便更好地克服工作中出现的困难和挑战,从容应对职业压力。

(五)建立和谐关系,改善工作氛围

　　虽然高校青年教师是相对独立的个体,但是他们身处集体和社会当中,注定无法脱离各种关系而存在。这要求青年教师必须建立和谐的人际关系,使自己置于积极、健康、向上的环境中,才能激发个人潜能,提高工作的效率,同时也有助于增强心理协调能力,舒缓心理压力。

　　青年教师的人际关系构建包括家庭关系、工作中的各种关系、亲友关系以及其他社会关系,其中,家庭和工作是比较重要的两个部分,二者相辅相成,相互影响,没有轻重之分。家庭是工作的后盾,一个温馨幸福的家庭氛围会使教师以更加饱满的精神和愉悦的心情去对待工作,而工作上获得的认可和成就也会让家庭生活更加和谐和快乐。因此,青年教师应当处理好家庭与工作之间的关系,不能顾此失彼,不仅要认真积极地工作,也要关心爱护家人,做到两者兼顾。虽然教师竭尽全力去协调和平衡家庭和工作的关系,但有时二者之间的矛盾依旧是不可避免的,例如工作安排太满而减少了休息和陪家人的时间,工作繁忙而忽略了对家人的关心,甚至是在重要节日或生病等时候无法在身边陪伴和照顾家人……这需要青年教师使自己处于一种和谐的家庭和工作关系中,尽量减少和避免此类情况的发生。另外,青年教师也要认真对待亲戚朋友及其他人的关系,化解复杂的人际关系带来的压力,将其简单化、和谐化,以形成良好的环境和氛围。

　　工作中的关系主要包括青年教师与学生、同事、领导之间的关系。

　　1. 与学生之间

　　青年教师要多和他们沟通,认真倾听学生的想法,考虑和理解学生的感受,对困境中的学生给予帮助与关怀,当真正被学生们认可、喜爱时,即便是同样的工作,也能从中找到乐趣和满足,职业压力也会随之减轻。

2. 与同事之间

因相似的职业压力更容易产生情感上的共鸣,青年教师可以和他们交流生活和工作中遇到的问题,倾诉心中的烦恼,并互帮互助,团结协作,维持良好的人际关系。

3. 与领导之间

青年教师应理解和配合上级的工作,构建愉快的合作关系,即使对领导的决策有所疑问,或者与其意见不一致,或者某种程度上损害了自身的利益,也应该保持理智镇定,不要轻易冲动,要以平和、真诚的态度向上级领导表达自己的想法,共同寻求更好的解决办法,尽力达到双方都满意的结果。

这样一来,青年教师通过与他人建立起和谐的人际关系,让自己置身于友好的工作氛围当中,心情自然舒畅愉悦,职业压力也会相应地缓解很多。

高校青年教师在建立和谐的人际关系过程中,可以运用下面几种方法:第一,主动积极与其他教师进行交往,通过交流加深彼此理解,建立深厚情谊,相互帮助,实现共同进步;第二,尊重理解他人,站在对方的角度去思考问题,体谅理解对方,并提供力所能及的帮助,同时以宽容之心看待他人的失误和缺点;第三,平等待人,不片面评价他人,克服成见等不良心理,真正做到不戴"有色眼镜"看人;第四,不吝啬真诚的赞美,承认对方的优点,不仅会拉近彼此的距离,还会让其感受到关怀和成就感等。此外,青年教师在与人交往时,要重视沟通的作用,有效的沟通是维持良好人际关系的重要途径,假如沟通出现障碍,那么人与人之间就不能相互理解,甚至会发生分歧和冲突。所以,青年教师应学会沟通技巧,用友善真诚的态度对待他人,才能创建良好的人际关系,改善周围的工作环境,在身心愉悦中减轻心理压力。

第三节　本章小结

本章作为本书的核心内容,一方面总结了前面几个章节得出的主要结论,包括七个影响地方高校青年教师职业压力的因素(工作负担、职业发展、生活保障、人际交往、职称评定、社会与自我期望、组织管理),三个职业压力源的维度(社会层面、高校层面、个体层面),八个职业压力群体差异的表现(性别、年龄、学历、婚姻状况、教龄、职称、专业、高校类型),三个职业压力的不良后果(身体表征、心理表征、社会表征)。另一方面探讨了调节职业压力的策略,从社会角度来说,可以优化高校青年教师心理支持网络、推行人本化的教师管理理念、引导社会期望趋于合理化、建立地方高校职业压力管理的长效监督反馈机制;从高校角度来说,可以打造科学高效的青年教师培养模式、构建公平合理的青年教师考核机制、完善青年教师的薪酬福利体系、设置有支持性的青年教师职业发展服务体系、创建青年教师参与治校和主导治学的条件;从教师个人角度来说,可以通过树立正确认知来调整工作目标,改变行为习惯来适应工作节奏,调控个人情绪来转变工作态度,坚持终身学习来提升工作能力,建立和谐关系来改善工作氛围。

结　　语

　　要进一步提升高等教育的质量,高校教师是决定高等教育质量的关键变量,高等教育质量的提升必然要求高校教师综合素质的全面提升,这对初入职场的地方高校青年教师来说,职业压力日益增加。基于此,本书针对该问题进行了研究,并获得了一些基本的研究结论,例如地方高校青年教师职业压力的具体来源和群体差异性等,但本书在未来研究中还存在一定的拓展空间。

　　本书因主客观条件所限,仍有诸多改进的空间:就研究样本来说,本书的数据调研主要选取了吉林省部分地方高校青年教师作为对象进行调研,样本的数量较少,加上有地域的局限,研究结果不能代表所有的地方高校青年教师,在其职业压力的普适性问题上还有待进一步完善和探索;就研究方法来说,由于新冠肺炎疫情的影响,采用了线上发放调查问卷的方式,且以主观指标为主,研究对象可能感知到的压力表现与实际的压力表现并不一致,还可能会受到个人心理和价值观的影响,在填写问卷的时候难免会出现与事实不符合的情况,导致研究数据和结果产生偏差;就研究内容来说,本研究主要是从社会、高校、教师这三个维度进行探讨的,然而调节地方高校青年教师的职业压力还应该从国家顶层设计的角度出发,进一步深入研究教育体制机制;就量表构建来说,它是在已有文献资料和访谈法的基础之上形成的,虽然问卷在经过检验之后拥有较为良好的信度与效度,但是不能排除运用其他测量方式会得到更好效果的可能性。

　　近年来,高校青年教师的职业压力越来越大,需要社会对他们给予足够重视,帮助他们缓解职业压力带来的消极影响,并真正采取积极有效的职业压力调节策略。下一阶段的研究可关注以下方面:就研究样本而言,增加其他同类型高校的样本数量,尽量让研究结果更具可靠性和说服力;就研究内容而言,下一步可以尝试研究职业压力的积极功能,寻求最优的压力点,将职业压力维持在良好的范围内,以激励高校青年教师的工作热情,提高工作效率;就量表构建而言,目前的测量工具还不够有效,由其产生的结果必然缺乏准确度,所以未来可以研究更加成熟的、有针对性的测量工具和量表,并且加入客观指标,主客观相结合,以免出现与实际情况差距过大的结果;就职业压力源而言,要有更为深入的研究,包括它的构成和属性等方面,这不仅因为它是压力管理的第一个环节,还因为它在有效调节职业压力的过程中发挥着至关重要的作用。

　　本书涉及的多个关于地方高校青年教师职业压力的学术观点,由于著者能力以及资源的有限性,所得观点还有待深入挖掘,如果书中有未标注的地方,并非有意为之,还请谅解。

后　记

教师是"人类灵魂的工程师",教师职业是"太阳底下最光辉的职业",这是社会对教师的角色期待,更是教师终生奋斗的动力。近年来与这种期待和动力相伴随的教师职业压力问题,引发了社会的持续关注。著者对地方高校青年教师的职业压力问题产生兴趣,更多源自自己步入中年的职场困惑。适逢此时,著者遇到了可能影响其后半生的研究团队,并在这里找到了重新出发的方向,不再困惑与彷徨。

首先,感谢著者所在的公共管理与公共经济学术创新团队。书稿从选题方向的确定、写作框架的形成、实证调研的展开、精细论证的完成……无一不凝聚着团队所有成员的辛勤付出。

其次,感谢团队的灵魂担当曲永军教授,他有着丰富的工作经历、优秀的职场业绩和谦逊的人格魅力,最重要的是他严谨的治学态度、清晰的规划思维以及高效的行动能力,一直感染着团队的每一位成员,让整个团队意识到科研之路来不得半点虚假,所谓的天才是日积月累的坚持与积累。

再次,感谢团队重要成员李盛基副教授,他年轻、积极、阳光、向上,最重要的是他敏锐的洞察力和严谨的学术态度,总能给团队带来意外惊喜,形成团队讨论中的诸多灵光。

最后,感谢与团队成长朝夕相伴的行政管理和社会保障专业的研究生苑菁菁、张晓聪、商明贺、汪美静、周十同、肖月爽、崔瀛,他们的加入为团队注入了新鲜血液,也为著者的职业生涯增添了新的活力,是他们让作者真正感受到了教学相长的幸福体验;同时,特别感谢哈尔滨工程大学出版社编辑老师的悉心指导与帮助。

教师职业压力是一个弥久长新的问题,它与高等教育的发展相伴而行,在未来的科研征途中,我们团队还有许多想要研究的问题,期望在这本起点之作的基础上能逐步呈现出更多、更高水平的团队研究成果。

由于著者水平和精力有限,书中难免存在一些不足之处,恳请广大读者批评指正。

著　者
2022 年 7 月于长春

附 录 A

访 谈 提 纲

尊敬的老师：

  您好，感谢您在百忙之后之中协助我们完成此次调查。本次调查最多耽误您十分钟的宝贵时间。本次访谈主要通过问答形式进行，访谈内容将严格保密，为保证访谈的有效性，请您真实地回答每个问题，再次感谢您的支持与合作。

  1.作为一名地方高校青年教师，您在工作生活中是否有压力？ 如果压力分为五档您选择第几档？

  2.您觉得哪些压力对您的影响最大？

  3.您在工作或生活中最想要满足的需求是什么？

  4.您觉得学校的规章制度和管理措施存在哪些不合理之处？

  5.您平常会采取哪些措施来减轻压力？

附 录 B

吉林省地方高校青年教师职业压力调查问卷

尊敬的老师：

您好！感谢您在百忙之中参与并协助我们完成此次调查。本问卷设计了关于高校青年教师职业压力的一些问题,主要了解高校教师工作压力情况。问卷采取无记名形式,回答不对外公开,请您根据实际情况填写。再次感谢您的支持!

第一部分　基本情况调查

1. 您的性别是_____。

A. 男　　　　　　B. 女

2. 您的年龄是_____岁。

A. 30 岁及以下　B. 31～35 岁　　C. 36～40 岁

3. 您的民族是_____。

A. 汉族　　　　　B. 满族　　　　C. 回族　　　　　D. 朝鲜族　　　　E. 其他少数民族

4. 您的婚姻情况是_____。

A. 已婚　　　　　B. 未婚

5. 您的户籍情况是_____。

A. 城镇　　　　　B. 农村

6. 您家中孩子数量为_____。

A. 一个　　　　　B. 两个　　　　C. 三个及以上

7. 您家中老人数量为_____。

A. 一位　　　　　B. 两位　　　　C. 三位及以上

8. 您的房产数量为_____。

A. 一套　　　　　B. 两套　　　　C. 三套及以上

9. 您的存款数量为_____。

A. 10 万元以下(不含 10 万元)　　B. 10 万～30 万元(不含 30 万元)

C. 30 万～50 万(不含 50 万)　　　D. 50 万元及以上

10. 您的学位是_____。

A. 学士　　　　　B. 硕士　　　　　C. 博士及以上

11. 您的教龄是

A. 5 年以内(不含 5 年)　　　　　B. 5 ~ 10 年(不含 10 年)

C. 10 年及以上

12. 您的职称是_____。

A. 讲师　　　　　B. 副教授　　　　　C. 教授

13. 您的从教学科类别是_____。

A. 文科　　　　　B. 理科　　　　　C. 工科

14. 您所在高校的类别是_____。(综合类、理工类、师范类、农林类、政法类、医药类、财经类、民族类、语言类、艺术类、体育类、军事类、旅游类院)

15. 您所在高校属于_____。

A. 本科院校　　　　B. 大专院校

第二部分　高校青年教师职业压力情况调查

作为一名高校青年教师,您在工作生活中可能遇到以下导致压力的事件,请您根据每件事情带来的压力大小选择对应的数字(附表 B – 1)。"1"表示没有压力;"2"表示较小压力;"3"表示一般压力;"4"表示较大压力;"5"表示巨大压力。

附表 B – 1　高校青年教师职业压力情况调查表

项目序号	题项	没有压力	较小压力	一般压力	较大压力	巨大压力
A1	工作时间长让您感到	1	2	3	4	5
A2	工作强度大让您感到	1	2	3	4	5
A3	科研任务重让您感到	1	2	3	4	5
A4	教学任务重让您感到	1	2	3	4	5
A5	专业知识的更新速度让您感到	1	2	3	4	5
A6	教学与科研的平衡难度让您感到	1	2	3	4	5
A7	缺乏继续学习、进修的机会让您感到	1	2	3	4	5
A8	工作与进修的冲突让您感到	1	2	3	4	5
A9	工作岗位竞争激烈让您感到	1	2	3	4	5
A10	领导较少的重视与肯定让您感到	1	2	3	4	5
A11	教育和管理学生比较困难让您感到	1	2	3	4	5
A12	职称评审要求的增长趋势让您感到	1	2	3	4	5

表 B-1(续)

		没有压力	较小压力	一般压力	较大压力	巨大压力
A13	职称评审政策的频繁改动让您感到	1	2	3	4	5
A14	职称评审制度的信息不透明让您感到	1	2	3	4	5
A15	"唯科研论"的大环境让您感到	1	2	3	4	5
A16	规章制度的频繁变更让您感到	1	2	3	4	5
A17	教师考核系统的不完善让您感到	1	2	3	4	5
A18	组织较低的办事效率让您感到	1	2	3	4	5
A19	频繁的教学检查让您感到	1	2	3	4	5
A20	媒体对某些高校教师的报道让您感到	1	2	3	4	5
A21	承担本职工作之外的任务让您感到	1	2	3	4	5
A22	总体来说您的压力	1	2	3	4	5

参 考 文 献

[1] 鲍威,王嘉颖. 象牙塔里的压力:中国高校教师职业压力与学术产出的实证研究[J]. 北京大学教育评论,2012,10(1):124-138.

[2] 柴强. 我国高校教师职业压力研究述评[J]. 体育研究与教育,2013,28(3):54-58.

[3] 陈超然. 大学教师工作压力的现状及其与人格维度关系的研究[D]. 开封:河南大学,2004.

[4] 陈德云. 教师压力:来源分析与应对策略[D]. 上海:华东师范大学,2004.

[5] 陈水平,郑洁. 青年教师职业压力应对的新视角[J]. 教育评论(2):54-56,2012.

[6] 陈雪莲. 基于Logistic回归模型的P2P借款人信用违约风险评估模型研究[D]. 上海:上海外国语大学,2020.

[7] 蔡雁姬. 广西民办高校公共课教师工作压力研究:以五所民办高校为例[D]. 南宁:广西大学,2019.

[8] 丁启禹,王白菊. 自主学习模式下高校教师的自我能力发展研究[J]. 绥化学院学报,2011,31(6):170-172.

[9] 都业新. 高校青年教师职业压力与应对策略研究[J]. 呼伦贝尔学院学报,2017,25(6):19-22.

[10] 杜迎洁,蒋娟. 高校青年教师压力探源及调适策略[J]. 理论导刊,2012(8):98-101.

[11] 樊玲. S民办高校青年教师职业压力管理研究[D]. 成都:电子科技大学,2021.

[12] 冯伯麟. 教师工作满意及其影响因素的研究[J]. 教育研究,1996(2):42-49.

[13] 傅维利,刘磊. 论教育改革中的教师压力[J]. 中国教育学刊,2004(3):1-5.

[14] 高留战. 情绪宣泄:构建和谐心理的有效方法[J]. 消费导刊,2009(1):207-208.

[15] 葛鲁嘉. 体证和体验的方法对心理学研究的价值[J]. 华南师范大学学报(社会科学版),2006(4):116-122,160.

[16] 郭超妮,雷翔宇. 新时代高校思政课教师应具备的教学能力[J]. 长江丛刊,2020(30):175-176.

[17] 郭继东. 试论教师专业发展规划的编制[J]. 江苏教育学院学报(社会科学版)2008(4):4-5,12.

[18] 郭亚妮. 高校青年教师科研水平现状调查研究[D]. 兰州:西北师范大学,2015.

[19] 韩淑琴,贾毅华,张日鹏. 职业压力对高校教师健康的影响及其伦理对策[J]. 中国医学伦理学,2012,25(4):481-482.

[20] 郝悦,牟朝霞. 高校青年教师科研压力的成因及自我调适策略[J]. 辽宁行政学院学

报,2008(7):177-178.

[21] 何冬林.地方人才的摇篮区域经济的引擎:论地方性高等学校作用的发挥[J].湖南农业大学学报(社会科学版),2005,6(3):61-63.

[22] 胡蝶.关于江西民办高校教师工作负荷的现状分析[J].青年文学家,2012(27):104-105.

[23] 胡丰彦.985高校青年教师压力现状调查及对策研究[D].大连:大连理工大学,2015.

[24] 黄希庭.压力、应对与幸福进取者[J].西南大学学报(人文社会科学版),2006(3):1-6.

[25] 姜捷.高校青年教师压力现状、影响因素及对策思考[J].黑龙江高教研究,2015(12):93-96.

[26] 姜文锐,马剑虹.工作压力的要求—控制模型[J]心理科学进展,2003,11(2):209-213.

[27] 金晶.农村学校青年教师不良情绪管理研究[D].桂林:广西师范大学,2019.

[28] 李逢超.高校教师工作压力源量表的编制[D].济南:山东师范大学,2008.

[29] 李虹.教师工作压力管理[M].北京:中国轻工业出版社,2008.

[30] 李江霞.国外教师职业倦怠理论对我国的启示[J].教育科学,2003(1):62-64.

[32] 李驹.高校青年教师的职业压力分析及缓解对策研究[D].长春:长春工业大学,2021.

[33] 李虹.大学教师工作压力量表的编制及其信效度指标[J].心理发展与教育,2005(4):105-109.

[34] 李莉莉.国内高校教师职业压力研究综述[J].安徽电气工程职业技术学院学报,2010(2):118-122.

[35] 李莹莹,唐海滨,彭勃.象牙塔中的隐忍:高校教师职业倦怠审思[J].中国高等教育,2014(23):54-55.

[36] 李鑫.西方心理压力理论研究述评[J].商业文化(学术版),2008(1):317.

[37] 李育辉.知识型员工工作压力及管理策略[M].北京:中国广播电视出版社,2010.

[38] 达夫特,诺伊.组织行为学[M],杨宇,闫鲜宁,于维佳,译.机械工业出版社,2004.

[39] 林奕均.福建省属高校青年教师职业成长问题及对策研究[D].福州:福建师范大学,2017.

[40] 刘芳丽.地方本科院校教师工作压力特点及对策分析[J].内蒙古师范大学学报(教育科学版),2019,32(6):55-61.

[41] 刘精晶.高校教师时间监控观与工作绩效关系研究[D].大连:大连理工大学,2009.

[42] 刘文.高校教师的职业压力与心理健康研究[D].无锡:江南大学,2010.

[43] 刘清华.教师压力的自我应对策略研究[D].成都:四川师范大学,2013.

[44] 刘要悟,朱丹.教育相关群体的教师角色期望之社会调适和教师自我调适[J].教师教育研究,2010,22(2):35－39.

[45] 卢晓中.现代大学制度构建的人文向度[J]中国高教研究,2020(5):52－58.

[46] 陆莹,叶青松.地方高校经费收入来源的拓展策略研究[J].会计之友(中旬刊),2010(10):13－16.

[47] 罗贤勇,钟漪萍.地方高校青年教师职业倦怠研究:以江西省宜春部分学院为例[J].老区建设,2017(24):34－37.

[48] 吕雪梅.建立以人为本的高校教师管理机制[D].保定:河北大学,2007.

[49] 吕雅英,章济,骆宏.教师压力内隐观及应对方式的初步探讨[J].中国心理卫生杂志,2004(6):390－391,386.

[50] 马丽.工作压力源理论研究进展[J].职业与健康,2017(6):835－838.

[51] 闵韡."双一流"高校教师职业压力的现状、差异性与对策[J].湖州师范学院学报,2021,43(11):38－46.

[52] 潘欣,王剑,郑子健,等.陕西省高校教师工作压力对心理健康影响因素的分析[J].中国健康心理学杂志,2010(1):29－32.

[53] 彭聃龄.普通心理学[M].北京:北京师范大学出版社,2002.

[54] 彭阳红."教授治校"与"教授治学"之辨:论中国大学内部治理结构变革的路径选择[J].清华大学教育研究,2012,33(6):106－110.

[55] 裴长安.西北欠发达地区地方高校青年教师科研激励问题研究[D].兰州:西北师范大学,2007.

[56] 钱伟,赵晶.高校青年教师职业压力形成的原因与对策[J].教育探索,2010(2):104－106.

[57] 秦彧.高校教师的心理问题及调适[J].教育与职业,2005(15):13－15.

[58] 芮明杰.管理学原理[M].上海:格致出版社,2008.

[59] 邵光华.国外教师压力研究综述[J].比较教育研究,2002(11):20－24.

[60] 邵昕.有关压力研究综述[J].合作经济与科技,2007(5):37－38.

[61] 沈绮云.高校青年教师职业压力及对策研究[D].南昌:南昌大学,2007.

[62] 史金联.高校青年教师职业倦怠探析[J].重庆工学院学报(社会科学版),2009,23(6):173－175.

[63] 石林.职业压力与应对[M].北京:社会科学文献出版社,2005.

[64] 罗宾斯.组织行为学(第十版)[M].北京:中国人民大学出版社,2006.

[65] 宋秀林,郭丽君.地方高校青年教师职业压力分析及应对策略[J].长春工业大学学报(高教研究版),2011,32(1):63－65.

[66] 宋延军.基于公平理论的高校教师薪酬制度设计研究[D].重庆:西南大学,2011.

[67] 隋英杰,梁水源.略论高校教师应具备的能力和素质[J].新乡教育学院学报,2005,18(2):6－7.

[68] 苏小丹.广东省高校青年教师职业压力、心理弹性与幸福感调查研究[D].广州:华南理工大学,2016.

[69] 苏宇跞."双一流"背景下高校青年教师的职业压力分析及应对之道[J].教育观察,2021,10(25):85-88.

[70] 王彩霞.高校青年教师职业压力管理现状研究:以 S 大学为例[D].北京:首都经济贸易大学,2017.

[71] 王冠.X 大学教师职业压力研究[D].锦州:渤海大学,2019.

[72] 王梦佳.基于 Logistic 回归模型的 P2P 网贷平台借款人信用风险评估[D].北京:北京外国语大学,2015.

[73] 王念.高校教师工作压力及职业倦怠研究:以公共英语教师为例[J].湖北第二师范学院学报,2021,38(7):1-6.

[74] 董文波,王太成.浅论地方高校与地方经济的对接[J].晋城职业技术学院学报,2009(1):19-21.

[75] 王燕,潘泽江,王炯.高校教师压力分析及减压对策[J].中国市场,2005(48):80-81.

[76] 王艳珍.高校教师薪酬制度优化设计的对策研究[D].北京:首都经济贸易大学,2016.

[77] 王茁宇.基于 Logistic 模型的 P2P 网络借贷个人信用评估研究[D].宁波:宁波大学,2017.

[78] 汪泳,魏玉璞.高校教师职业压力源研究[J].长春工业大学学报(高教研究版),2007(2):37-40.

[79] 韦春玲.浅析高校教师心理压力的成因及调适[J].菏泽学院学报,2007(4):119-122.

[80] 魏荣.地方高校青年教师职业韧性现状和改善策略[J].黑龙江高教研究,2011(7):77-79.

[81] 沃文芝.国外心理压力理论综述研究[J].东京文学,2011(11):344-345.

[82] 吴丹.高校教师职业压力分析及对策[J].西北成人教育学院学报,2015(3):92-94,40.

[83] 吴丽荣,高素霞,董国英,等.自我学习:一种教师专业发展的有效实践[J].河北师范大学学报(教育科学版),2011,13(12):52-55.

[84] 吴庆华.地方高校青年教师发展研究[D].武汉:华中科技大学,2013.

[85] 肖庆业.农村小学教师工作满意度及其影响因素:基于多元有序 Logistic 回归模型的实证研究[J].基础教育,2019,16(4):69-77.

[86] 熊隐剑.高校青年教师压力问题探讨[J].四川职业技术学院学报,2006(4):29-31.

[87] 闫爱敏.高校青年教师的心理压力源与心理压力调适[J].教育探索,2009,(1):122-124.

[88] 阎凤桥.转型中的中国学术职业:制度分析视角[J].教育学报,2009,5(4):8－17,28.

[89] 阎光才.象牙塔背后的阴影:高校教师职业压力及其对学术活力影响述评[J].高等教育研究,2018(4):48－58.

[90] 颜佳.制度视角:地方高校青年教师专业化发展的学校支持体系研究[D].桂林:广西师范大学,2011.

[91] 晏杨春.职业生涯规划视角下的新疆高校青年教师教学能力研究[D].乌鲁木齐:新疆大学,2015.

[92] 严由伟,刘明艳,唐向东,等.压力反应、压力应对与睡眠质量关系述评[J].心理科学进展,2010,18(11):1734－1746.

[93] 杨俊龙.高职院校教师职业倦怠研究:以广东3所学校为例[D].桂林:广西师范大学,2021.

[94] 杨明.论人文关怀与教师发展[D].沈阳:沈阳师范大学,2016.

[95] 杨兴林.论教授主导治学与参与治校的统一[J].复旦教育论坛,2015,13(1):18－23,87.

[96] 杨晓智.高校青年教师压力来源及对策:基于北京市高校调查的研究[J].黑龙江高教研究,2014(7):14.

[97] 杨勇.高校教师职业压力探析[J].山西师大学报,2013(4):124－125.

[98] 叶奕乾,何存道,梁宁建.普通心理学[M].4版.上海:华东师范大学出版社,2010.

[99] 尹平,陶芳芳,郑延芳.高校教师压力状况及其影响因素分析[J].中国医院统计,2005(4):303－307.

[100] 岳晨.地方高校青年教师学术发展的管理策略研究:以Y大学为例[D].扬州:扬州大学,2017.

[101] 曾晓娟.大学教师工作压力研究[D].大连:大连理工大学,2010.

[102] 张才安.社会支持对高校青年教师心理健康的影响研究[D].长沙:湖南师范大学,2012.

[103] 张德,吴志明.组织行为学[M].大连:东北财经大学出版社,2011.

[104] 张芳.中国高校青年教师面临的主要竞争[J].中国集体经济,2019(6):121－122.

[105] 张凤琼,齐希睿.高校教师心理亚健康的表征、成因及其对策[J].南京理工大学学报(社会科学版),2020,33(03):88－92.

[106] 张康之,李传军.一般管理学原理[M].北京:中国人民大学出版社,2010.

[107] 张利兵.国内心理"亚健康"研究综述[J].新乡学院学报(社会科学版)2012,26(3):140－142.

[108] 张锐,林琳.国外教师压力源研究的新进展[J].内江师范学院学报,2006(5):128－130.

[109] 张铁牛,张笑涛. 我国地方高校青年教师发展问题研究[J]. 现代教育科学,2007(9):1-4,39.

[110] 张曦艳. 高校教师心理压力分析及调适策略研究[J]. 江西社会科学,2003(7):175-177.

[111] 张妍. 地方高校青年教师压力调适策略[J]. 现代交际,2019(10):32-33.

[112] 张英杰. 浅谈新形势下高校教师应具备的能力和素质[J]. 职业时空,2008,4(12):174-175.

[113] 张玉歌. 关怀理论视域下地方高校青年教师发展研究[D]. 石家庄:河北科技大学,2019.

[114] 张宇. 高校青年教师职业压力及调适政策研究:以上海市松江大学城为例[D]. 上海:华东政法大学,2019.

[115] 赵兰芳. 高校青年教师职业压力与调适策略[J]. 学校党建与思想教育,2015(4):72-73.

[116] 赵丽颖. 员工援助计划(EAP)在高校教师压力管理中的应用研究[D]. 沈阳:沈阳师范大学,2013.

[117] 中国心理卫生协会. 心理咨询师(基础知识)[M]. 北京:民族出版社,2005.

[118] 周喜华. 高校教师的职业压力及应对策略[J]. 内蒙古师范大学学报(教育科学版),2016(7):58-62.

[119] 周云. 高校青年教师职业压力现状与对策研究:以河南 Z 大学为例[D]. 郑州:郑州大学,2019.

[120] 邹勇. 我国聘任制下高校教师压力研究[D]. 大连:大连理工大学,2006.

[121] 朱旖旎. 高校青年教师职业压力及其调试管理研究:基于问卷调查和个人访谈的分析[D]. 武汉:华中师范大学,2016.

[122] ABOUSERIE, REDA. Stress, coping strategies and job satisfaction in university academic staff[J]. Educational Psychology, 2008, 16(1):49-56.

[123] ARMER, MICHAEL. An introduction to theories of social-change-strasser, h, randall, sc0[J]. Social Forces, 1983, 61(3):925-926.

[124] FARHER B A. Stress and Burnous in Suhuran teachers[J]. Journal or Educational Research, 1984, 77(6):325-331.

[125] DIANE, BERNIER. A study of coping: Successful recovery from severe burnout and other reactions to severe work-related stress[J]. Work & Stress, 1988(1):12-15.

[126] CHRIS, KYRIACOU. Teacher Stress: Directions for future research[J]. Educational Review, 2001, 53(1):21-35.

[127] FISHER S. Stress in academic life: the mental assembly line[M]. buckingham: The Society for Research into Higher Education and Open University Press, 1994.

[128] CHURCHILL G A, PETER P J. Research design effects on the reliability of rating scales: a meta-analysis[J]. Journal of Marketing Research, 1984, 21(4):360-375.

[129] WINTHROP H. Book reviews: Abraham H. Maslow. Religions, values and peak experiences. [J]. Journal of Humanistic Psychology,1965,5(1):103 – 107.

[130] LACKRITZ, J. R. Exploring burnout among university faculty: incidence, performance, and demographic issue[J]. Teaching and teacher Education,2004,20:713 – 729.

[131] LEITHWOOD, KENNETH A. Teacher burnout: a critical challenge for leaders of restructuring schools[J]. Understanding and preventing teacher burnout: A sourcebook of international research and practice,1999,6(3):85 – 144.

[132] LYNNE G, JANE S. Compulsive Working, ' Hyperprofessionality' and the Unseen Pleasures of Academic Work[J]. Higher Education Quarterly,2012,66(2):135 – 154.

[133] SCHAUFELI, WILMAR B. Job demands, job resources and their relationship with burnout and engagement: a multi-sample study[J]. Journal of Organizational Behavior, 2004,25(3):229 – 253.

[134] SLAUGHTER S. Academic capitalism: politics, Policies and the Entrepreneurial university[M]. Baltimore:John Hopkins University Press,1999.